道善

DAOSHAN

道 善 則 得 之

人与经典文库

中庸 人与经典

爱新觉罗·毓鋆 讲述

陈纲 整理

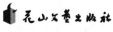

花山文艺出版社

河北·石家庄

图书在版编目（CIP）数据

人与经典·中庸/爱新觉罗·毓鋆讲述；陈绹整理. —石家庄：
花山文艺出版社，2022.3
（人与经典文库/张采鑫，崔正山主编）
ISBN 978-7-5511-6025-4

Ⅰ.①人… Ⅱ.①爱… ②陈… Ⅲ.①儒家 ②《中庸》—研
究 Ⅳ.①B222.15

中国版本图书馆CIP数据核字(2021)第250327号

丛 书 名：人与经典文库
主　　编：张采鑫　崔正山
书　　名：**人与经典·中庸**
讲　　述：爱新觉罗·毓鋆
整　　理：陈　绹

策　　划：张采鑫　崔正山
责任编辑：张采鑫　李　鸥
特约编辑：苏会领
责任校对：李　鸥
装帧设计：东合社-安宁
美术编辑：胡彤亮
出版发行：花山文艺出版社（邮政编码：050061）
　　　　　（河北省石家庄市友谊北大街330号）

销售热线：0311-88643221
传　　真：0311-88643234
印　　刷：北京天宇万达印刷有限公司
经　　销：新华书店
开　　本：880×1230　1/32
印　　张：8.125
字　　数：150千字
版　　次：2022年3月第1版
　　　　　2022年6月第1次印刷
书　　号：ISBN 978-7-5511-6025-4
定　　价：58.00元

总序

一、今天我们为什么要读经典

意大利作家卡尔维诺（1923—1985）在《为什么读经典》这本书中，第一句话就说："经典就是你在重读的书，而不是你刚开始读的书。"这句话的意思是说，读经典不是只读一遍而已，而是要一读再读。卡尔维诺接着说："对于没有读过经典的人来讲，尤其重要，因为这是他重读的开始。"

那么我们该如何读经典呢？美国文艺评论家乔治·斯坦纳（1929—2020）在他的回忆录中的一段话很值得我们参考。他认为，我们在读经典的时候，应该注意三件事。第一，"我们要很清楚地知道经典在问我们：你读懂了吗？你知道我在说什么吗？你知道我想说什么吗？你知道我为什么要这么说吗？"换句话说，对于经典我们不只是读其表面意思，大概了解一下就行了，其实微言背后总是包含着大义，《中庸》说"人莫不饮食也，鲜能知味也"，就是这个意思。第二，他说："你既然知道经典在问你问题，你有没有运用你的想象力来回答？"意思是你要回答问题，就要发挥想象力与思考力，即《中庸》里所强调的"慎思之，明辨之"。第三，"你既然用你的想象力回答了问题，你自己在这个过程中有着怎样的收获？而这个收获将会使你产生哪些改变？"这就是孔子所强调的"闻义而徙"与"知之为知之"。读经典绝不能以望文生义的思维习惯去读字面的意思，读经典的目的是在启发你、接引你，发现自我，蒙以养正，最后让你有所改变，有所提升。

所以，我们读经典，应该深入其文本，思考文本的意涵到底在说什么，以及为什么要这样说，想象并体会作者在取材、书写时的思虑与用心，仿佛自己身临作者的境地，然后才能够代入自身体验，有所感动，进而化成行动——经典的阅读应以这样的态度来进行。

二、"人与经典"丛书的特色

"人与经典"丛书是一项人文出版计划。这项计划旨在介绍广义的中国经典作品，以期唤起新一代国民对中华文化的自信心，从而激发每个人生生不已的生命精神。取材的方向主要来自文学、历史、哲学方面，介绍的方法是对这些伟大作者的其人其事做深入浅出的概要介绍；以浅近的解析赏评为核心，并辅以语译或综述。"人与经典"强调以下三个特色：

其一，从人本主义出发，突出人文化成的功效，我们更强调"人"作为思考、践行，以及转化并提升生命、丰富生活的关键因素。

其二，我们不仅介绍经、史、子、集方面的经典，同时也试图将经典的范围扩大到近现代的重要作品。以此，我们强调重新诠释经典在为往圣继绝学，以及承先启后方面所产生的日新又新的时代意义。

其三，紧扣文本，正本清源解经典，不强调撰写者的个人感受，而特别体现出撰写者对经典的创新性解读与创造性转化的理念。

因此，今天我们重新解读经典与学习经典不应只是人云亦云。我们反而应该强调经典之所以能够流传长久，正因为其蕴藏的天人合一之常道及通古今之变的变道，每每成为后人温故而知新，以及经世致用的焦点，引起一代又一代人的思考与传承。只有怀抱这样对体用结合、形式与情境的自觉，我们才能体认经典所涵括的对传统的承继、人文精神的转换，以及政治理念、道德信条、审美意识的取舍等价值。

文学批评家萨义德（1935—2003）指出，经典的可贵不在于放诸四海而皆准的标杆价值，而在于经典入世的、以人为本、日新又新的巨大能量。

从《易经》《论语》《道德经》《诗经》《楚辞》到《左传》《史记》，从李白到曹雪芹，中国将近五千年的文化传统虽然只能点到为止，实已在显示古典历久弥新的道理。

人文是我们生活或生命中不可或缺的一部分。传统理想的文化人应该是文质彬彬，然后君子，若转换成今天的语境或许该说，人文经典能培养我们如何在现代社会里做个温柔敦厚、通情达理、知进退存亡而不失其正的真君子。

张采鑫　崔正山

2022 年 1 月 1 日

作为跨世纪的最后一位通经大儒，孔子儒学两千五百多年以来的当代集大成者，毓老师不同于同时期的另外两位国学大师钱穆与南怀瑾。

钱穆既承续华夏传统，又吸取现代西方思想，但重于学术研究，毓老师特别强调实学，倡导经世致用，使古代经典与学问焕发了新时代的生命活力。

南怀瑾熟于融会儒释道三教，善于借用佛理与禅学来解读孔儒，毓老师强调学宗孔儒，依经解经，提出"以夏学奥质，寻拯世真文"，以孔儒"圣学"一统天下。

文以载道　善以化民

·精品图书　·音频视频
·公益直播　·线下讲座
期待您的加入~

当代大儒
"龙德而隐"的

爱新觉罗·毓鋆（1906—2011），清太祖努尔哈赤次子礼亲王代善裔孙，号安仁居士。到台湾后，自号奉元老人，人们一般尊称为毓老师。

毓鋆先生与清末代皇帝溥仪同年出生，六岁开始入宫伴读，与溥仪一起师从陈宝琛、罗振玉、叶玉麟等硕学鸿儒，十三岁可以熟诵儒家《十三经》等经典，后游学日本、德国等十二年。喜研读《四库全书》，通达古代经学、诸子百家、历代史书等。

毓老师虽出身皇族，却猛烈批评封建帝制。壮年历经世变，既艰辛备尝，又叱咤风云。到台湾后一直安居斗室，讲学六十四年。毓老师一生经历传奇，虽身为清室贵胄，而最为服膺汉儒文化，全心学习与传承华夏汉儒圣学。他由衷地表示"文化谁高，谁就同化谁"，倡导发扬中国文化的真精神。

毓老师于1947年到台湾后，创办天德黉舍，后改为奉元书院。毓老师讲学以"四书"为基础，以《易经》为体，据《春秋》为用，注重因时举譬，倡导经世致用，使古代"四书五经"、诸子百家学问焕发新时代的活力，立下"以夏学奥质，寻拯世真文"的宏愿。六十多年来一直是"龙德而能隐者"，最终成为跨世纪最后一位通经大儒。

毓老师世寿一百零六岁，读书一百年，讲学六十四年。他有教无类，授业弟子数万人，遍及海内外与各行业，其中西洋博士学位的弟子百余人，被誉为中华两千五百多年孔子儒学的当代集大成者。

与溥仪同年出生，六岁开始为末代皇帝伴读
读书一百年，讲学六十四年，授业弟子数万人
被誉为将比钱穆、南怀瑾更有影响力的国学大师

跨世纪最后一位通经大儒
孔子儒学两千五百多年以来的当代集大成者
"龙德而隐"的毓鋆先生，今天走向了我们

清兵用武力占领了全部中原，
孔儒用文化同化了整个满族！

他认为："文化谁高，谁就同化谁。"
他提出："以夏学奥质，寻拯世真文。"

地理上有水土江山，沧海桑田，
历史上有王朝江山，兴亡交替，
只有文化江山，才能
历百世，
越千年，
一统天下。

爱新觉罗·毓鋆

毓老师语录

我们不可守一家之言与一先生之言，但必得由一先生之言，然后明一家之言；你不明各家之言，就不能成自己和一先生之言。

中国民族文化就在礼上，以礼表现文化。

什么叫"道德"？能行出来的就叫"道德"，不是挂在口头的"教条"。

读书人是明理人，不是故意装着和别人不一样。

人之苦莫大于求不得之苦，"求不得苦"是欲壑难填之苦。

人何以苦恼？因为看法和一般人一样，不能脱俗，老在俗和欲中打转。人真有智慧，就不苦恼。

逢大事，先睡一觉再说；遇小事，立刻处理。

做坏事，还得说人话；越说人话，越坏啊！

有时想不到的人才是救命恩人，所以待人越宽厚越好。

- **《毓老师说四书》**

本书根据毓老师课堂讲授"四书"之笔记整理而成，包括《毓老师说大学》《毓老师说中庸》《毓老师说论语》《毓老师说孟子》。"四书"即《大学》《中庸》《论语》《孟子》，作为儒家学派经典，保存了儒家先哲的思想和智慧，蕴含了儒家思想的核心内容，是儒学认识论和方法论的集中体现，在中华思想史上产生了深远影响，至今仍不失其深刻的教育意义和启迪价值。毓老师讲解"四书"遵循儒家经学传统，依经解经，一字一义，重视经典的经世致用之旨。作者将"四书"归于儒家修、齐、治、平的价值体系，还原儒家经典的哲学内蕴和思想力量，同时结合自己对人生世相的切身感受，使读者清楚了解经典之真义，实用之价值，从而启发现代人运用经典的智慧来指导人生。

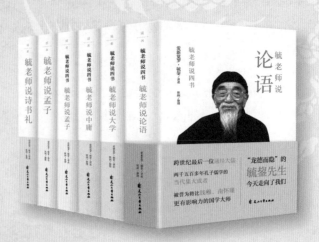

- **《毓老师说孟子》**

本书根据毓老师课堂讲授《孟子》之笔记整理而成。毓老师从儒家经学传统来讲解孟子学说，带领读者穿透历代评论之迷雾，贯通古今讲述孟子学说之真义，让读者了解孟子学说高明在何处，不足在何处，从而让现代人能够用辩证的视角看待孟子学说，正确借鉴运用孟子的思想观点去应对人生世事。

- **《毓老师说诗书礼》**

本书根据毓老师课堂讲授《诗经》《尚书》《礼记》之笔记整理而成。《诗经》是中国第一部诗歌总集，但是毓老师眼中的《诗经》乃是一部最好的社会学著作，是人性之本初，而政治理论、政绩皆在《尚书》，处理一切事物的规则皆在《礼记》。本书中，作者将《诗》《书》《礼》重新归于儒家修、齐、治、平的价值体系，还原儒家经典的本真力量，厘清其中蕴含的深刻教育意义和思想启迪价值，从而启发现代人运用经典的智慧来指导人生。

凡例

一、《中庸》之经文，系采朱熹《章句》之分章，分为三十三章，第一章为经，其余各章为传。本书标点，参考、综合各家。

二、本书以 1999 年毓老师讲述《中庸》为主，并会通其他课程所阐述之相关内容，综合整理而成。文中有关各家注释，视需要摘录，俾供参阅，不一一陈列。

三、为助大众深入阅读，文中有关背景及说明者，以仿宋体呈现；参考网络及相关著作者，略交代出处。如有疏漏之处，尚祈指正。

目录

导读

　　《大学》《中庸》（合称《学庸》）与《论语》，均为孔学入门之书，也是中国学问入门之书。《学庸》可谓儒学众经之胆，比佛家的《心经》《金刚经》好。我母亲说《大学》即佛经的《心经》，《中庸》即佛经的《金刚经》。我母亲每日拜《法华经》，父亲则看《金刚经》。

　　《史记·孔子世家》以《中庸》为子思所作。子思，名伋，是孔子的嫡孙，曾子的弟子。《中庸》本是《礼记》中之一篇，《礼记》成于汉儒。朱熹（1130—1200，南宋理学家）引程颐（1033—1107，北宋理学家）说《中庸》为"孔门传授心法"（朱子在《中庸章句》开头引程颐的话，强调《中庸》是"孔门传授心法"），其作《四书章句集注》，将《中庸》与《大学》《论语》《孟子》并列，称为"四书"。

　　《中庸》名称的由来，说法不一。郑玄（127—200，东汉经学家）说："名曰《中庸》者，以其记中和之为用也。"（《礼记目录》）以用中为常道。朱熹引程子"不偏之谓中，不易之谓庸。中者，天下之正道；庸者，天下之定理"，说"中者，不偏不倚、无过不及之名；庸，平常也"（《中庸章句》）。

《中庸章句》中称"子程子"，即"我们的夫子程子"，是程子学派。其后朱子集理学之大成，成程朱学派。马一浮（1883—1967，理学大师。抗战时，在四川乐山创办复性书院，著有《复性书院讲录》等）直接程朱学派，照着前人讲。熊十力（1885—1968）则接着前人讲，没有师承，不讲学派。各家注解，有各家的主张。今天不应再有门户之见，皆人之为道，不可为至道。我讲"公羊学"，是按道理讲，不讲学派。

中国最了不起的智慧，就是法天，"唯天为大，唯尧则之"（《论语·泰伯》），要学尧则天，亦即学大，故要读《大学》。"大学"者，学大也，即学天。则天，如四时之序、日月之运，最后与天地参矣，故曰"大人者，与天地合其德"（《易经·乾卦·文言》）。舜执两用中，"执其两端，用其中于民"。用中，"喜怒哀乐之未发，谓之中"，故要读《中庸》，才懂得用中之道。

学尧舜，就是"学大""用中"，故人人皆得读《学庸》，才可以为尧舜。《学庸》即学大、用中，尧舜之道即学大、用中，故人人读《学庸》，人人皆可以为尧舜。

中道，最难以把握，以"中庸"作为标准。"喜怒哀乐之未发，谓之中"，未发尚藏之于内，即性，"率性之谓道"。过与不及都不行，必恰到好处，即中。还得"时中"，"君子而时中"，不可以执中而固守，"执中无权，犹执一也。所恶执一者，为其贼道也，举一而废百也"（《孟子·尽心上》）。

劝你们：做事不要违时，君子而时中。违背人性的事不可以做，做人千万不要色庄，要去伪存真。人人皆有士君子之行，人人皆可以为尧舜，即中道之国，"入中国，则中国之"，中国有多大？"中国"即天下，"天下一家，中国一人（员）"，天下是一个大家庭，中国是其中的一成员。

《大学》的终极目的是什么？天下平。平天下而天下平。怎样才能天下平？《孟子》怎么说天下平？"人人亲其亲、长其长而天下平"（《孟子·离娄上》）。"圣人之大宝曰位"（《易经·系辞下传》），人人皆有位，"君子素其位而行"，没有位就乱了。"守位曰仁"（《易经·系辞下传》）。哪一个守位、素其位而行了？"为人子，止于孝；为人父，止于慈"（《大学》），没有对父母好，对别人好，不过是势利之交，焉能天下平？都一个"伪"字，无一发自至诚。正心诚意，意诚而后心正。一部《大学》自"人心"讲到"天下平"。好好悟一部书就有用。

《中庸》怎么说天下平？"君子笃恭而天下平。"何以君子笃恭能天下平？君子，并不是特权，人人皆有士君子之行。"笃恭"，敬己之位，敬事能信，在其位必谋其政，绝不马虎。

《学庸》自率性入手，皆人与生俱来的，是不假外求的，因为性生万法，性为智海。想真达到"大一统"、性同，必要发掘人性，则"人人亲其亲、长其长"，不用喊天下平，天下亦平了！每人都居（守）正，所以"大一统"。

中华文化是启发人的良知，讨厌战争，应好好发掘中国思想。想救世，必发掘人的良知、人性，"天下者无患，然后性可善"（《春秋繁露·盟会要》），天下太平了，则其乐融融，然后性可善。所以要"通志除患，胜残去杀"，用"聪明睿智，神武不杀"（《易经·系辞上传》称"古之聪明睿知，神武而不杀者夫"）。

好好"学大""用中"，细读《大学》《中庸》，此二书乃儒家思想精华之所在。《大学》讲《春秋》之道，《大学》与《春秋》相表里。《中庸》讲《易经》之道，《中庸》与《大易》相表里。

以《学庸》建设自信心，也知道该做什么，人必有主宰才能站得住。《学庸》谈内圣、外王之道，对建设和平社会很有帮助。

对谁都不必迷信，连孔子在内，都不必亦步亦趋。要练习用脑想：如果经书都有用，那何以孔子周游列国十四年，仍潦倒一辈子？回到鲁国后，晚年作《春秋》，两年后卒。《春秋》"贬天子，退诸侯，讨大夫"，"《春秋》之义行，则天下乱臣贼子惧焉"（《史记·孔子世家》）；到孟子时"诸侯恶其害己也，而皆去其籍"（《孟子·万章下》），也没能发挥作用。只不过死后有人利用，享食两千多年，子孙代代被封为"衍圣公"。

读书是在用智慧，要自根上了解，如内里添把火就有力量，磨了五十年，就是不亮也光。人有才，就可以随机应变，脑子得灵活。

第一章

《中庸》第一章为经，与《大学》经的部分合观，可以有更深的体会。

天命之谓性，率性之谓道，修道之谓教。

"天命之谓性，率性之谓道，修道之谓教"，开首三句，乃是《中庸》全书之主旨，讲体用之道，将天人思想包括无遗。有处世经验了，再融会贯通，方知为处世之不二法门。

"在明明德，在亲民，在止于至善"，《大学》的"在"，与《中庸》的"之谓"，均为肯定词，知道就要行，能知能行。

"天命之谓性"，"之谓"，就是，是肯定的，天命就是性。"在天曰命，在人曰性"，何以说知天、知命，而不说"知

第一章

5

性"？"继之者，善也；成之者，性也"（《易经·系辞上传》），性，是体；善，是用。"诚者，天之道"，善，是天之道的用。"不明乎善，不诚其身矣"（《孟子·离娄上》），不明天之道，就不懂人之道。

中国人最会用性之善。善，是性的用，"继之者，善也；成之者，性也"，"天命之谓性"，知自己性之所在才能成德，故"不知命，无以为君子"（《论语·尧曰》）。

"率性之谓道"，"率"，顺也，即前面有一东西存在，顺着；顺性就是道，尽此之谓，性外无别道。性，是大本；良知良能，是性之用。天命就是性，"顺性命之理"（《易经·说卦传》曰"和顺于道德而理于义，穷理尽性以至于命"）。

行性之道，即本良知良能去做。人人皆有性，人人皆可率性，"性相近"，本性相同；"习相远"，习性，情也，因环境而异。能知就能行，知行合一谓之学。

"率性之谓道"，人人皆有道，人人皆可以为尧舜。"修道之谓教"，修"率性"就是教，教育在引发人性，唤醒良知。"夫孝，德之本也，教之所由生也"（《孝经·开宗明义》），善性之本。

头脑必要清楚，对任何事才能分析清楚。以孔子之智，犹"五十而知天命"（《论语·为政》），到五十岁了才知天命，那他是经过什么步骤以后才知天命？经过"不惑"，"四十而不惑"（《论语·为政》），即不惑不欲。净惑于欲，还能知天命？嗜欲深者，天机浅。"惑"与"欲"如打不破，根本无法达天命。"知天命"，"天命之谓性"，懂得天命了，就懂顺着人性做事。

顺治（1638—1661）作有修道偈：

天下丛林饭似山，钵盂到处任君餐。黄金白玉非为贵，唯有袈裟披肩难。

朕本大地山河主，忧国忧民事转烦。百年三万六千日，不及僧家半日闲。

来时糊涂去时迷，空在人间走一回。未曾生成谁是我？生我之时我是谁？

长大成人方是我，合眼朦胧又是谁？不如不来又不去，来时欢喜去时悲。

悲欢离合多劳虑，何日清闲谁得知？若能了达僧家事，从此回头不算迟。

世间难比出家人，无忧无虑得安宜。口中吃得清和味，身上常穿百衲衣。

五湖四海为上客，皆因夙世种菩提。虽然不是真罗汉，也搭如来三顶衣。

金乌玉兔东复西，为人切莫用心机。百年世事三更梦，万里乾坤一局棋。

禹开九州汤放桀，秦吞六国汉登基。古来多少英雄汉，南北山头卧土泥。

黄袍换却紫袈裟，只为当年一念差。我本西方一衲子，为何生在帝王家？

十八年来不自由，南征北讨几时休？我今撒手西
方去，管他万代与千秋。

他在那么小的年纪，就能看破荣华富贵，可能有慧根，
境界特别高！我和他是两种人，我认为人生是有责任的。

人要是没有人性，能对人类有贡献？读书人要明理，
一个明理的人能不爱国？读书要改变器质，器质是慢慢修
的。私情是一件事，正义更是一件事。懂得义了，见义必为，
勇也。

要启发智慧，好好努力，"时乘六龙以御天"（《易经·乾
卦》）。必学实学，现在"救死唯恐不暇"（《孟子·梁惠王上》
云"此惟救死而恐不赡，奚暇治礼义哉"），还扯闲？

人的斗争——与欲斗争，太难了！四十岁到五十岁是
与欲斗争，"男人要坏，四十开外"。什么人可以真正知天
命？应"无所住而生其心"（《金刚经》），人心都如镜了，则
"不将不迎"（《庄子·应帝王》）。必练习做到此一程度。

英国占领香港有什么法？收回却说要法。必得有智慧
与浑蛋划清界限。政客并不代表民，使他动而有悔，成为
孤家寡人，即釜底抽薪。

证严能号召四百万人，是以德。领导社会的是德，能
言行一致。证严的智慧，完全是她清修的功夫得来的，生
活过得清苦。必得求真。

圣严的文笔好，但是口才不行，我对她说："你不讲，大家都还懂。你一讲，大家都糊涂了！"人贵乎有自知之明。

必要有群德，不能不为子孙谋，不能完全任人宰割。因为"贤人在下位而无辅，是以动而有悔也"（《易经·乾卦·文言》），没有希望，正是因为没有智慧。不知结果即是祸。百姓不懂，无聊话会影响百姓。现在大学生什么都有，就是没有脑，台湾教育弄至此。

我训练小孙子何以难？真爷爷奶奶、外公外婆又一套……有那个环境？台湾文化何以低？来台最好的人为大兵，最坏的……军眷天天搓麻将，这种环境怎能造就出人才？真想望子成龙，必有那个环境，至少也得是蛇窝，是长的，而非扁的。之所以失败起不来，因为没有那个智慧。

凡事皆操之在己。有了智慧，为了生存不能不投一点"机"，现在可不能等闲视之。一民族的力量，不是数字所能表现的。今后中国绝对是"寸土不失"，任何一块土都不丢，此时也。

人必要有识时之智，要真正能不惑于欲。必要尽己之本能，绝不能借助外力，我总说"自求多福"在此。

"率性之谓道"，是先觉者，顺着人性做事；"修道之谓教"，是后觉者，跟着学。人性就是道，"道不远人，人之为道而远人"。"不失其赤子之心"，就是大人、圣人。人的赤子之心特别短，"伪"太可怕了！如好面子，也是欲。人就是人，"还没死，怎能不想？"想是一回事，可以不做。

"想"与"做",两回事。想,意淫;做了,洗不清。出家不容易,人要学真,直人就是真,"人之生也直"。

我离家时已经有儿子,有人的经验。释迦生子,半路出家易修成,是过来人。不结婚,违背上帝的意思,是人就得想人的事。

人到了社会,在环境下,有时为了职业,得做缺德事。修行,是为别人做好事。没有想,不容易;没有做,就可以了。

天下最难的就是克己,"克己复礼"是功夫。我画千张观音,千佛刊经,修庙,替父母求冥福、冥寿。一个人必要能够管理自己,最难以克制的就是自己的欲。惑于欲,好名、好利、好色都是贪,只是方式不一而已。"克己复礼"就是行仁,根基深,可经由"克己"的功夫回到圣贤路子。我四十岁,"满洲国"垮台了,我才懂得"克己复礼",自此"长白又一村"。

程朱理学、宋明理学,并不是"孔学",每人都自以为是"真孔"。历代讲学者代表一个时代,皆非真孔。只要有思想,都可以发挥。

我用"夏学"一词,因为"夏,中国之人也"(《说文解字》,下简称《说文》),只要是中国人的学问全都收。大陆有"中国传统文化丛书"。

中国要"现代化",不是"西化",现代化并不等同于西化,要因而不失其新。

做学问要客观，必须有根据，绝不可以臆说，所以要"依经解经"，以还中国学术的本来面目。

"万物并育而不相害，道并行而不相悖"，就看谁能发挥。看别人好，心里不舒服，即是嫉妒。

何以学《易》可以无大过？"五十以学《易》，可以无大过"（《论语·述而》），"五十而知天命"（《论语·为政》），"不恒其德，或承之羞"，"不占而已矣"（《论语·子路》）。"礼者，天理之节文也"（朱熹《论语集注·颜渊》）。要把思想变成行为，才是实学，才有作用。

一个张良使刘邦得了江山。张良之志，在消灭暴秦；成功了，从赤松子游。有智，功成身退，"知进退存亡而不失其正者，其唯圣人乎！"（《易经·乾卦·文言》）我在清亡的边缘长大，知足还能往前奋斗。

不懂得感恩就是畜生，以德养智，什么都可以缺，绝不可以缺德，台湾人就是欺软怕硬。

练习思想，思想没有固定，故称"圣之时者"。儒家赞美水，说"逝者如斯夫，不舍昼夜"（《论语·子罕》）、"知者乐水"（《论语·雍也》），即喻随"时"变。

如将尧、舜当历史讲，那与今天无关；当思想，就不同。尧、舜是圣王，但何以他们的儿子都不好？此乃立说之伏笔。尧为圣君，犹有四凶。鲧是四凶之一，儿子禹能"干父之蛊"（《易经·蛊卦》）；尧那么了不起，其子丹朱却不贤；舜是大智者，儿子商均不肖。若是"有其父，必有其子"，用得上？自此玩味中国的思想是什么，以之为况，就能深入。

经书是思想，即"况"。《春秋》为况，借事明义，不是历史，是思想，距真事远得很。《尚书》首尧、舜，《春秋》隐为桓立，皆明"让"之义。书有古今，但思想无新旧。后学乃是"学而知之者"（《论语·季氏》），所以必用古人的智慧启发自己的智慧。要做活学问，而不是死背书。

孔子之学是一个"时"字，孟子称孔子为"圣之时者"。中国的道统则是"仁"，"君子体仁，足以长人"（《易经·乾卦·文言》）。

人必有格，即人格。何以要挑选？因为人都想要够格的。连物都有格，何况是人？要用许多事来培养一个人的智慧。

儒家等各家均言政，但是方法不同。儒，人需，人之需也，即如日光、水、空气，是供人生活之所需。"儒，柔也，术士之称"（《说文》），"儒，柔也"（《广韵》），专以柔克刚，如水是最软的，水中之石，日久可被水磨成圆的。智者不惑，必知行合一。求知易，但行知难！做与成功与否，又是两回事。

人品茶得雅，化妆也应淡抹，必注意如何把自己的环境造得雅，昔人风雅，处处有文化。领悟了，方知道境界。真有心"求学"，必好好求。

都是饺子，但是滋味绝对不同。不知，就要求知，怎么可以装知？要知自己之不知，"不知为不知，是知也"（《论语·为政》），有学问必给外行人看才行。有机会要求知，自己知否自己知，不要作伪，"人之视己，如见其肺肝然"，作伪又有何益？

道也者，不可须臾（片刻之间）离也，可离非道也。

"率性之谓道"，顺着性就是道，人人皆有道。道不可须臾离，乃是人日用之所需。为什么道远离人了？因为"人之为道"而远离人了，所以不可以为道。

"性相近，习相远"，习性乃是环境造成的。"修道之谓教"，教怎么修人之性。能尽己之性，就能尽人之性，先觉觉后觉（《孟子·万章上》云"天之生此民也，使先知觉后知，使先觉觉后觉也"）。

自己不明白，就要"就有道而正焉"（《论语·学而》），能亲仁；不能亲仁，又如何明道、得道？一般人是后觉者，就要修道，跟先圣学即是教。开智慧之源，均受前人的启发。

人性的作用是什么？性能生万法。成佛、成科学家，均是性的作用。学的是智慧的大本营，即性。谁能守住智慧的大本营，就能成为哲学家、发明家、科学家。要下"人一己百，人十己千"的功夫，则"虽愚必明"，明道。

在校修学分要修些什么？台大外面的环境糟，老师尽教些花样，于今天没有用。你们学完，不会用脑，没有用，只是点缀品而已。

是故，君子戒慎乎其所不睹，恐惧乎其所不闻，莫见（现）乎隐，莫显乎微，故君子慎其独也。

"性相近，习相远，"本性，相同；习性，因环境而异。性，大本，体；习性，情也。"习"，羽白，鸟在幼时羽毛尚白，就要开始习飞，等羽毛长丰、翅膀长硬了，就能振翅高飞，乃至鹏程万里。

既是"性相近"，那何以要"戒慎乎己所不睹，恐惧乎己所不闻"？要慎独。因为"习相远"（《论语·阳货》），所以要慎习。

因为个人习性与环境的不同，而使人与人之间有了距离。习性，是环境造成的；习惯，则是环境养成的。人因为"习"的不同，乃愈走愈远，是故"君子戒慎乎其所不睹、恐惧乎其所不闻"，是己独所"不睹、不闻"，如父母往往不知道自己子女的恶，外人却没有不知的，所以人要"戒慎恐惧"。

"戒"，《说文》云："警也。"警戒，戒备。"慎"，古字𢝔，心真，用己真心。

"恐"，《说文》云："惧也。"诚惶诚恐，惶恐不安。"惧"，"勇者不惧"，"民不畏死，奈何以死惧之"。恐，有惊惶意；惧，畏怕之实。恐在惧前也。《易经·震卦》"君子以恐惧修省"，以戒慎恐惧修己，"战战兢兢，如临深渊，如履薄冰"（《论语·泰伯》）。

"莫见乎隐，莫显乎微"，由"隐"之"显"，显盛至极。由"微"之"著"，微，小，至小无内，"贵微重始"（《春秋繁露·二端》），"诚则形，形则著"。

"勿以恶小而为之，勿以善小而不为"（《三国志·先主传》裴松之注），大善是由积小善而致，大恶是由积小恶而成，微小处最应谨慎。若是以为微小之恶无伤大体，久而久之则入于恶而不自知。若要人不知，除非己莫为，故曰"莫显乎微"，"积善之家，必有余庆；积不善之家，必有余殃"（《易经·坤卦·文言》）。

"故君子慎其独也"，慎己独。什么是"独"？此"独"，绝非独居。"慎独"，是中国思想最重要的一步功夫，"喜怒哀乐之未发"，什么都未形，是"独之立"（《春秋繁露·二端》"吉凶未形，圣人所独立也"）。"在身曰心，在己曰独"，"唯我独尊"，是独一无二的。慎独，因为"唯我独尊"。

"独"与"性"的区别在哪里？一个东西，两个作用。"人之生也直"，不说慎性，而说慎独。慎独，是慎其未形，不睹不闻、隐与微。不说慎性，因为独已经有作用了，有独就可以用性，故君子慎己独也。

那何以"独"的结果都不好，往往成为"独夫"（《尚书·泰誓下》）、"一夫"（《孟子·梁惠王下》）？因为"习"得不好，而成为独好、独占、独乐、独尝、独霸、独裁。《孟子》中讲"独"的地方特别多，而独的结果即"独夫，一人也"。如能够慎独，那就不是"独夫""一人"了。

"慎"，真心。"慎独"，真心已独。一个人孤高自赏，天天装圣人，其实最是可怜！要天天受创伤才会生智慧。舜"好问而好察迩言"，是问自己所不知、问自己所疑，考察左近人的言论，因为唯恐自己有独不见、独不知的事。慎己独，即审慎自己所独不见、独不知的事。

懂就发挥一点儿作用，是读书人就必为人类谋和平，为和平而奋斗。君子"群而不党"（《论语·卫灵公》），做谁的"帮凶"？要做"良知"的"帮凶"。

人有智慧不能走入正道，乃"习相远也"。戒慎恐惧，人莫知自己儿子吸毒等的恶行，而外人却是无一不知，故君子必慎己独也。"独"字要深入探讨。

"人心惟危，道心惟微"（《尚书·大禹谟》），"莫见乎隐，莫显乎微"，要用什么对付这些"危、微"？用"诚"与"真"，诚其意，直人即真，直心即道场。《中庸》最重要的一个字即"诚"，"诚者，天之道；诚之者，人之道"。

喜怒哀乐之未发，谓之中；发而皆中节，谓之和。

"谓之"，即"叫作"。"喜怒哀乐之未发，谓之中"，喜怒哀乐是与生俱来的，即性，"成之者，性也"；喜怒哀乐一点也不发，无过与不及，叫作"中"，性之用，大本。

但喜怒哀乐必得发，发了就是情，要发得"中节"，如竹子有节，一节一节，绝不超过，高风亮节。喜怒哀乐必发，情也；"发而皆中节，谓之和"，情发得中节叫作"和"，是情之用，达道，人人必行之道。

恋爱是神圣的事，何以要变得有罪孽感？大大方方恋爱，就是中节。就是蚂蚁亦得发情，自小玩意儿，可体会天道之无穷。

中也者，天下之大本也；和也者，天下之达道也。

西汉纬书《孝经援神契》曰："性者人之质，人所禀于天。情者阴之数，由感而起，通于五脏。故性为本，情为末。"

中，性之未发，为大本，达德；和，情发得中节，达道。中，为性，体；和，为情。

中为大本，"曷谓中？曰：礼义是也"（《荀子·儒效》），"人之所以为人者，礼义也"（《礼记·冠义》），"中国者，礼义之国也"（《春秋公羊传·隐公七年》何休注），中国，性之国，人性之国。

和为达道，人人必行之道，"礼之用，和为贵"（《论语·学而》），"和也者，天下之达道也"，连动物都会发情。"有所不行，知和而和，不以礼节之亦不可行也"（《论语·学而》），"和而不流"，"约之以礼，亦可以弗畔矣夫"（《论语·雍也》）。

致（动词）中和，天地位（得其位）焉，万物育（皆生育）焉。

但最重要的是"致中和"，下"致"的功夫，使"中"

与"和"两者不起对立，"中"与"和"得合而为一，性情合一了，此时"性即情，情即性"，性情一体，体用不二，此实学也。懂得性情不二了，行为就不会出轨。

何以"万物育焉"？因为"天地位焉"。天地也得各位其位，万物才能育焉。天地要是失其位，那万物就不能育了，就看"位"的重要，"圣人之大宝曰位"，"不在其位，不谋其政"（《论语·泰伯》）、"思不出其位"（《论语·宪问》《易经·艮卦》），素其位而行。

"天地位焉，万物育焉"，天在天之位，地在地之位，各正其位了，万物才能生生不息。天地位于吾心，万物育于吾行，"万物皆备于我"（《孟子·尽心上》），其乐也融融，何等充实！

水本身无味，可以和五味、调众色；性柔，却能穿石。脑子应灵活得像水，上善若水，智者乐水，其智能随时变化，"不舍昼夜"。智慧没有固定的，故曰"圣之时者"。

"无用之用，是为大用"（《庄子·人间世》云"人皆知有用之用，而莫知无用之用也"），"无为，才能无不为"（《老子·第三十七章》称"道常无为，而无不为"）。至味无味，"中和之质，必平淡无味"（《人物志·九征》），"平淡无偏，群材必御"（《人物志·九征》刘昞注），否则"爱之欲其生，恶之欲其死"（《论语·颜渊》），又如何领导团体？

求风调雨顺，即"天地位焉"。人得学天地，要素其位而行，不务乎其外，"不在其位，不谋其政"。

儒的修为超过一切。天、地、人，三才之道，乃是平行的，人"与天地参矣"。天生之，人役之，天人同矣。天生物，人役物，故天下无废物。《论语·学而》"礼之用，和为贵。先王之道斯为美，小大由之"，自天子以至于庶人，莫不皆由礼而行。

"致中和，天地位焉，万物育焉"。"民胞物与"，唯有中国人有这么高的思想。元胞，万物一体，"民，吾同胞；物，吾与也"（张载《西铭》），蚂蚁不是物，蚂蚁和我们是一样的。"胞与"，尽己之性，尽人之性，尽物之性，然后才可"与天地参矣"，平视，与天齐。

物，有性了，"各正性命"（《易经·乾卦》），万物各正其性命，"民胞物与"。人能尽己、尽人、尽物之性。发明家就是尽物之性，把破铜烂铁凑到一起了，就成电灯了。他不但尽人之性，还尽物之性，什么和什么配在一起，就变成我们想不到的玩意儿。现在你们手里拿那个东西那么方便，那就是尽物之性的人发明的。

"大人者，与天地合其德"，天人境界，天人合德。宇宙是一大天地，人是一小天地，"天之历数在尔躬"（《论语·尧曰》）。《学庸》加上《论语》，乃是应世的动力。

在天曰命，在人曰性，在身曰心，在己曰独。人人皆有独，人每天都在"独"中生活，各有怪癖。性同，独，乃同中求异，"同而异"（《易经·睽卦》）；情不同，和，则是异中求同，"异而同"。

"人莫不饮食也，鲜能知味"，名厨在于知味，懂得调和之道。知味功夫，即在一个"和"字。中国饮食，调和五味，以达温和。

"和"是"独"的敌人。情中节，即和，若合符节，能够相合就不独了。"和"，如调和鼎鼐、和五味，用水调和。"独"，独一不二，独就不能和，独味乃是有所偏也。独好，不同于众好。众乐，即是和的功夫。

入门处好好把持，下面就容易了！求真明白在体悟。公式明白了，中间往里装即成功。

"乐者为同，礼者为异"，"合情饰貌者礼乐之事也"（《礼记·乐记》）。"不学礼，无以立"，约之以礼；乐以和性，听音乐以养性。"乐至则无怨，礼至则不争。揖让而治天下者，礼乐之谓也"，以让化争。"大乐与天地同和，大礼与天地同节""大乐必易，大礼必简"（《礼记·乐记》），真情流露，出于至诚。

"易简而天下之理得矣。天下之理得，而成位乎其中矣"（《易经·系辞上传》）。"易"与"简"，两个相对的。易简是什么？"乾以易知，坤以简能"，天地之道，易简而已矣。易简如不明白，理就没法得。如明白，绝对成功，圣人不会欺我们。成了，"致中和，天地位焉，万物育焉"。易简、中和，层次问题。《易》与《中庸》相表里。

知识分子的责任："爱敬尽于事亲，德教加于百姓"（《孝经·天子》）。教书的应教些什么？文字有很多早已过去，什么是永远合乎时？孔子何以称"圣之时者"？现在教六朝文做什么？生乎今之世，又何必返古？

我本打算与师母出合集，但是经过"文革"，什么都没了。但我现在还会背几首，倒背如流，因为师母有号召力！

韩国国旗用八卦，箕氏朝鲜在清朝时犹到中国考进士，姓仍用中国字，如同日本，因为不用不行。

要用古人的智慧启发我们的智慧，细加研究，中国人的智慧真是高到极点，如行辈（排行和辈分）极为清楚，有固定的称呼。说康德与先儒程度差不多，那是腐儒之见！

华夏社会成功了，即是"大一统"，乃因"一"而统。华夏，是自一个根，即"元"来的。三夏：夏、诸夏、华夏。到华夏，即"远近大小若一，天下一家"。一，是达到元的一个境界，自元来，止于一。元，为体；一，为用。

什么叫作元？始生之机、万有之能，"先天而天弗违，后天而奉天时。天且弗违，而况于人乎？况于鬼神乎？"（《易经·乾卦·文言》）以天作为界说，这是中国几千年前的智慧，今人望尘莫及！

乾元统天，先于天，"大哉乾元，万物资始，乃统天"（《易经·乾卦》），因为是从根上来，所以能够统天。中国的最高神是元始天尊，是造物祖，是上帝。这就是夏教。"蛮夷猾夏"，"夏"就是"中国"，中国的教叫"夏教"，夏教之祖就叫元始天尊，出自"大哉乾元，万物资始，乃统天"。

元，"先天而天弗违"，先时；性，"后天而奉天时"，因时。有生，才有性，"成之者，性也"。人性，虽是看不见的，但是每个人都可以感觉得出。元，为智海，"元者，善之长也"，至善；"继之者，善也"，前有至善，接着的为善。应学怎么培元，要教怎么培元。培元，才能元培；奉元，然后奉元行事。要懂得自己要学什么，从哪儿学？

读书，要正面、反面翻来覆去地读。几个要点打通了，将来有人一点，你就明白了。以此训练自己，日久必有思想系统。

多参考别的思想家，看人家是怎么想的。要用前人的思想来引导自己，才能后来者居上。因时制宜的最高境界，也不过是贤者罢了。

教育如一开始就走错路，还想成才？如"泛爱众"三字，为了稿费，多加两个字——成"博爱之谓仁"。

许多学者为了入圣庙，乃故意曲解，如朱子解"攻乎异端，斯害也已"，即指儒以外的不必研究。朱子解："异端非圣人之道，而别为一端，如杨、墨是也，其率天下，至于无父无君，专治而欲精之，为害甚矣！"即合乎帝王"统一思想"之需要，但是与孔子"有教无类"（《论语·卫灵公》）的精神实相悖。

孔子的伟大，即在于"有教无类"，不仅是人无类，连书也无类。"万物并育而不相害，道并行而不相悖。小德川流，大德敦化"（《中庸》）。我称"夏学"，什么都研究，不"攻乎异端"，因为"斯害也已"。

战国百家思想争鸣，不入于杨则入于墨，证明那时并无入于儒。孟子不如人，就骂人："杨氏为我，是无君也；墨氏兼爱，是无父也。无父无君，是禽兽也。"（《孟子·滕文公下》）

应该深入研究春秋战国时代的思想家，探究其思想之所在。思想必得发挥，宗教则叫人不能疑惑。咒，不讲才神秘。宗教是时代的安非他命。台湾佛教热闹，病态，贪欲特别重。

说我讲错，正中下怀，因为前人根本没有读懂老祖宗的智慧。老祖宗已经讲过了，但是后人并没有真懂，"正统"还说讲错了。所以，注解只能当参考，必要打破几关，才能知其所以然。

如日中天了，接着就昃（《易经·丰卦》称"日中则昃，月盈则食，天地盈虚，与时消息"），太阳不会立正，"保合太和，乃利贞"（《易经·乾卦》），最伟大的是"圣之时者"。发明家与时竞争，但能超时者少，先时太难了，多半是因时者，连治时者都少。活着的目的：圣之时者，君子能时中。

自何处入手？元。元，不得而知，故又称玄。老子说"玄之又玄，众妙之门"（《老子·第一章》），给人多少启示，众妙都从此门出。生生化化，最妙的东西！妙啊！妙不可言！无法解答，难以形容，皆非人力所能，是看不见、摸不到的。从万物看，必承认有造物者，即玄、元，体万物而不可遗也。惟妙惟肖，"妙万物而为言者也"（《易经·说卦传》）。用"妙"

字，将你们的思想引入圣界。看小虫子之美，真是造物之妙！蚂蚁虽小，犹知储，其思维妙不妙？

求、学、教些什么？超时的东西，乃是自无尽藏来的。是无尽藏，故取之不尽，用之不竭。现在学生的生活程度之高，一切都是最高消费，但何以无人求无尽藏？有形的东西，再贵都有人吃。因为人都有欲，所以街上的东西特别有吸引力。

培元，如同培土，需要浇水，功夫不是空的。把许多观念修正，因为"时"已经不同了。圣时，没能"圣之时者"，皆非实学。

以前的丝织品、漆器、青铜器，其工艺之能，现在均没法超越，几千年前的中国人就有如此高深的头脑。脑子得如海水，翻来覆去有波澜，才不会一条道走到黑。但是不可以索隐行怪。与前人不同处，一定要引经书。依经解经，不能臆说。

有思想了，开思想的文学，如冰心（1900—1999）《寄小读者》，温馨。

冰心，原名谢婉莹，笔名冰心，取"一片冰心在玉壶"。《寄小读者》是冰心在 1923—1926 年间写给《晨报》"小读者"的通讯，共二十九篇，其中二十一篇是赴美留学期间写成的，主要记述了海外的风光和奇闻逸事，同时也抒发了她对祖国、对故乡的热爱和思念之情。《寄小读者》可以说是中国近现代较早的儿童文学作品，冰心也因此成为中国儿童文学的奠基者。

鲁迅（1881—1936）、周作人（1885—1967）兄弟，周家是翰林，受政治冲击，有其政治观。

朱自清（1898—1948），小商人家庭出身，作品平稳、温馨，自人性出发，是人性的表露。

文章与其人生活背景有关。没有思想的文章，则不能"文以载道"。"落霞与孤鹜齐飞，秋水共长天一色"（王勃《滕王阁序》），佳句必有长时间深刻的体悟，才能引人入胜。

为文必得有思想，才有生命力，不可以无病呻吟。今天无人敢对时代扎一针，还随波逐流，居然叫"清玄"。

台湾在思想上已经病入膏肓，没有思想可言。因为在教育上没有培养学生怎么去想、去思考，完全是注入式的教育。应是使学生自根上思考，知其所以然。

第二章

仲尼曰："君子中庸，小人反中庸。君子之中庸也，君子而（能）时中。小人之反中庸也，小人而无忌惮（为所欲为）也。"

第二章以下为传，解释经。

"君子"，成德之人；"小人"，不是坏人，而是没有成为君子的人。

"中庸"，用中，"中也者，天下之大本也"，"君子中庸"，君子能守中庸；"小人反中庸"，小人不知守中庸之道，做事往往与中庸之道相反。

迷信，自迷，"先迷失道，后顺得常"（《易经·坤卦》）。怎么显现自己的良知？自己太尊贵了，唯我独尊，必要慎独。

"君子而时中"，君子能用中庸，君子能时时在中，无过与不及。要及时努力，"学而时习之"，圣时，成"圣之时者"。一个时，有一个时的中道，"时中"，随时守中道。日常生活、行事、衣着皆应时中，年轻人尤其不要索隐行怪。

但礼上不可时中，一个民族有其特性与文化，礼法不可以乱改。当政者不可以意气用事，因为"上行下效"，"君子之德，风；小人之德，草。草上之风，必偃"（《论语·颜渊》）。要用损益之道，"损益，盛衰之始也"（《易经·杂卦传》），"凡益之道，与时偕行"（《易经·益卦》），"损益盈虚，与时偕行"（《易经·损卦》），即要损其不能合于时者，而益其合于时者，百姓之易治亦在此。

什么是时中？"君子而时中"，即君子能时中，时时都在中道，"与时偕行"。"回之为人也，择乎中庸，得一善则拳拳服膺而弗失之矣"，时时都在中道内，无时不中、无所不中，亦即安中，所以是中行之士。

光中—华中—时中—安中；求仁—得仁—安仁。

"小人之反中庸也，小人而无忌惮也"，小人之所以违反中庸，毛病在于"无忌惮"；不是小人，就得忌惮。一般人想入中庸之门，就得用"忌惮"两字：忌，戒慎；惮，恐惧。《古诗源·尧戒》云："战战栗栗，日谨一日。人莫踬（zhì，绊倒）于山，而踬于垤（dié，小土丘）。"

颜回"得一善则拳拳服膺"，"其心三月不违仁"（《论语·雍也》），时时在中，喜怒哀乐未发的境界；其余弟子，则"日月至焉而已矣"(《论语·雍也》),没有恒的功夫,不能时时在中,偶尔为之而已。

"不得中行而与之,必也狂狷乎。狂者进取,狷者有所不为"(《论语·子路》),即有所忌惮,能戒慎恐惧。曾子"战战兢兢,如临深渊,如履薄冰"(《论语·泰伯》),即忌惮之士,久了,也可以入中庸而有成。

《坛经》,在家和出家一样修行,"存真"即足。同学"母圣人"没找到,现在都成"剩人"了!君子得能时中,失时就完了!人就是人,开始就要学怎么做人。

人的欲极为可怕,当保姆的修养程度绝对不足。两口子为了赚钱,忘了孩子的成长,将孩子完全交给保姆抚养,可怕!小孩必自小练达,天天和妈妈斗智,反应才会灵敏。孩子是活宝,钱是死宝,怎可忽视小孩的成长与学习?我小时候,出门必须请假,还得说出理由。当年,说"桐城谬种、选学妖孽"(桐城文与《昭明文选》)。我去听"胡闹"演讲,太师母称胡适"胡闹"。

人一失足成千古恨,就是跳到黄河也洗不清。做事要多往前看,真理就一个,什么都是空的,唯有在心里留下的痕迹不空,在临终前会含恨。人能够表里如一,无愧于心,是真正的愉快,一个人能守得住不易!

为了保护某某而去杀人,杀人的罪孽永远存在心,良知会和自己算账。不必要的事不必去做,一切都将归于零,化为乌有,"如梦幻泡影,如露亦如电",牺牲也必须有价值。

人一旦失"中"，就后悔莫及！就是真爱，也得有眼光，可别糊涂！我现在急！不要净意气之争，使台湾百姓受害。

　　蒋夫人失去一切，却仍活得那么有精神，绝对有修养，但是她含恨的绝对不少。要为大我牺牲，绝不为私情牺牲。

第三章

子曰："中庸其至矣乎！民鲜（少）能久矣！"

"民"，天民，皆有性之善，但是欠修持功夫，往往迷于欲、惑于欲，"先迷失道"，不能率性，"率性之谓道"，所以少能久于中庸。

此解有二：

一、中庸的境界很高，很久没有中庸之道了！此解不好。

二、一般人少能久守中庸之道，因为只是"日月至焉而已矣"，难以持之以恒。

孔子弟子中，只有颜回"其心三月不违仁"，有恒、时中，为中行之士。

第四章

子曰："道之不行（应是'明'）也，我知之矣，知（同'智'）者（自以为智者）过之，愚者不及（达不到中庸之道）也。

宋代陈天祥《四书辨疑》以"行"与"明"二字当互易，因智愚乃就"明"而言，贤与不肖则就"行"而言。

"智者过之"，自以为是智者，自视过高。"愚者不及"，愚者虽坏事少，但是达不到中庸。"行之而不著焉，习矣而不察焉，终身由之而不知其道者，众也。"（《孟子·尽心上》）

"唯上知（智）与下愚，不移。"（《论语·阳货》）但社会中等人多，往往见异就思迁，此"道之不明也"。

中等人，进之可为善，弃之则流于恶。想成为社会领导人，必对这些人下功夫。"上智与下愚，不移"，容受中人，为政之要。受中人之量，化中人之德。

"道之不明（应是'行'）也，我知之矣，贤者（自贤其贤者）过之，不肖者不及也。

苏轼《中庸论》引此文，作"道之不行也，我知之矣，贤者过之，不肖者不及也"。

"贤者过之"，自贤其贤者，并非真正的贤者，什么都过火。自贤其贤者，叫别人高帽给戴得昏头昏脑，什么也没学，就混社团，最宝贵的时间糊混过去。多少社团领袖，至今无一正职，最后拿一顾问。

读书时必要读书，最低限度能吃饭，因社会没有养老院，谁用你，都必叫你发挥作用。认真即"不苟"，真能欺人是"英雄"，但没人会受欺。

"不肖者不及也"，不似者又达不到中庸。都一样有毛病，失中，达不到中庸的境界。一般人都是习焉不察，漫不经心，知其然而不知其所以然，所以道听途说、盲从者居多，此"道之不行也"。

"人莫不饮食也，鲜能知味也。"

"人莫不饮食也"，真知饮之味？真知食之味？懂得饮食的正味？"鲜能知味"，少有人懂得饮食之正味。知味，人能品味也不易！

留心时事，要角的一言一行必留心。高处不胜寒，未来的苦是可以预期的，非其时也，真聪明就不应做。没方法，虽应做，也不能做。

第五章

子曰：“道其不行矣夫！”

“甚矣！吾衰也！”（《论语·述而》），道衰，因为环境已经变迁得很厉害，孔子叹“天下为公之道”不能实行！

《史记·太史公自序》云：“孔子知言之不用，道之不行也，是非二百四十二年之中，以为天下仪表，贬天子，退诸侯，讨大夫，以达王事而已矣。子曰：‘我欲载之空言，不如见之于行事之深切著明也。’”此《春秋》之所以作。孔子志在《春秋》，即行天下为公的大道，《礼记·礼运》称“大道之行也，天下为公”。

第六章

子曰："舜其大知（智）也与！舜好问而好察迩（周遭）言（言论），隐（应是'遍'）恶而扬善，执（把持住）其两端，用其中于民，其斯以为舜乎？"

舜之所以能成其大智，即在于"好问"，问所不知，问所疑；"好察迩言"，考察周遭人的言论、舆论。舜的大智，是不坚持己见，自好问其所不知而来的。不必将舜加以神化，舜无一不取于人。

《孟子·公孙丑上》曰："大舜有大焉，善与人同。舍己从人，乐取于人以为善。自耕、稼、陶、渔以至为帝，无非取于人者。取诸人以为善，是与人为善者也。"

人之所以能成其智，即在于多接受别人，要用古人的智慧启发自己的智慧，无一不取于人。中国古圣先贤留下的智慧很多，因为代出能人高手。孤陋寡闻只有自误，不能误人。

学，要"博学之"，新的、旧的都必须吸收，学并不丢脸，不必不懂而装懂。人如志在必得亦偏激，大家都抢，绝非中庸之道。

善为政者如大舜，以古圣先贤的智慧来应天下事。今之当政者，则以一己之经验来应天下事，殆哉！

说"隐恶扬善"，那舜岂不成为伪君子了？舜流放四凶，遏恶。《易经·大有卦》曰："君子以遏恶扬善，顺天休命。"所以意境上应是"遏恶而扬善"，遏止恶，欲为恶之源，塞之，不让它再发展；扬善，也间接遏恶了。

"遏恶"的上策则是防未然，不必动武，"神武不杀"，用的是"聪明睿智"。尧犹有四凶，舜则流放"四凶"——共工、驩兜、三苗、鲧。

《尚书·舜典》云："流共工于幽洲，放驩兜于崇山，窜三苗于三危，殛鲧于羽山，四罪而天下咸服。"

舜研究有端的，"执其两端"。"事有终始"，无端如环，终而又始，事情是忙不完的。社会就是两端，两端，不是两头，是非、善恶、黑白、阴阳、男女。"执其两端，用其中于民"，弄清楚两端之事，用两造之中在他们的身上，"叩其两端而竭焉"（《论语·子罕》），不坚持己见，无一不取于人，"毋意、毋必、毋固、毋我"（《论语·子罕》）。不主观，如同乡下有解纷争的大善人。

遇事，不要存有我的主观，要"无适也，无莫也，义之与比"（《论语·里仁》）。因为如有所爱恶就有所僻，"爱之欲其生，恶之欲其死"，怎算是智者？人人都能接受？做事不要偏激，"执两用中"为做事之道、处世之方。

《春秋繁露·二端》："《春秋》至意有二端，不本二端之所从起，亦未可与论灾异也，小大、微著之分也。夫览求微细于无端之处，诚知小之将为大也，微之将为著也。吉凶未形，圣人所独立也，虽欲从之，末由也已，此之谓也……亦欲其省天谴而畏天威，内动于心志，外见于事情，修身审己，明善心以反道者也，岂非贵微重始、慎终推效者哉！"

"豫解无穷"（《春秋公羊传·哀公十四年》何休注），防未然，必要有办法。奉元在行，即奉持元，能够实行，还得真实去行，不可以马马虎虎地应付。曾文正为卫教而战，一人定国，一人使湖南人鸡犬升天。

曾国藩为了笼络读书人，阻止知识分子进入太平天国，同时让自己师出有名，在衡州（衡阳）誓师出发这一天，发布《讨粤匪檄》："……自唐虞三代以来，历世圣人扶持名教，敦叙人伦，君臣、父子、上下、尊卑，秩然如冠履之不可倒置。粤匪窃外夷之绪，崇天主之教。自其伪君伪相，下逮兵卒贱役，皆以兄弟称之，谓惟天可称父，此外凡民之父皆兄弟也，凡民之母皆姊妹也。农不能自耕以纳赋，而谓田皆天王之田；商不能自买以取息，而谓货皆天王之货；士不能诵孔子之经，而别有所谓耶稣之说、《新约》之书，举中国数千年礼义人伦诗书典则，一旦扫地荡尽。此岂独我大清之变，乃开辟以来名教之奇变，我孔子、孟子之所痛哭于九原，凡读书识字者，又乌可袖手安坐，不思一为之所也……"打的是文化牌，极力拉拢当时社会的中坚力量文人士大夫，从而动摇了太平天国的根本。

曾氏大智若愚，平定太平天国后，辞爵禄，解散湘军。而李鸿章的淮军，则留下军阀遗孽，造成民国的内乱。历史永远作为借鉴，值得重视。

成事必得以德，"为政以德"。否则，也不过是历史之丑角，在历史中有如过江之鲫。凡事有了痕迹，就没法擦掉，所以演义多。

必要留心时事，最好的教材，可有所借鉴。

北京紫禁城前三大殿之命名：太和殿、中和殿、保和殿，之命名，是内圣、外王的最高功夫，"各正性命，保合太和，乃利贞"（《易经·乾卦》），"致中和，天地位焉，万物育焉"。

多学，日久就懂得应世之道。今天虽然没有在战场，但是每天都打打杀杀的，内心应快快走向和平之道。

西太后辅佐同治，其术为"垂帘听政"。汉高祖有成，吕后亦有其功，但刘邦死后，她弄得不好，而有"十老安刘"。清孝庄文皇后，历经三朝（皇太极、顺治、康熙），但自己绝不临朝，真是绝顶聪明！唐武则天临朝了，但能从谏如流，终将政权归还李氏。宋美龄用美国人的思维方式，白扯一辈子！

胃病都是自吃凉的东西来的，最是难治，但不死人。人的健康操之在己，自己平时要注意保健，病从口入，四十岁以后病状就出现。

知识分子未必会用知识。我一天吃一个半馒头，一定有节制，不饱也不饿。我例行一个月上一次医院做检查。

你们应该要有自己的组织，要为自己谋福利。我要造就十个北大博士管理你们自己的事。做事一定要有步骤，这块土的人就是情之所至，做事完全没有章法。做事一定要有所准备，要打通，必须了解对方的思维方式。

不知道规矩就不能成方圆，规圆矩方，还用什么三角？中国思想"天圆地方"，何不顺着传统的思想，哪有什么新旧？必用本国文化思维才能对付敌人。孝庄太后用蒙古人的思维对付，等敌人一摸清，已经时过境迁了。中国人必要用中国人的思维，人的思维方式特别重要，必要懂得怎么运用思维。

养成精神都能成功，有量，能容，仁。做事，智仁勇、胆量识，缺一不可。

我以前说自己比台湾人还了解台湾人，但是这三五年才真正了解，当局最大的毛病在不懂得深思熟虑，就情之所至。

"仲尼祖述尧舜"，接着前人，集大成。"吾有知乎哉？无知也。有鄙夫问于我，空空如也。我叩其两端而竭焉。"（《论语·子罕》）如果尽用一己的经验、智慧来应天下事，岂不殆哉？

第七章

子曰："人皆曰予知（智），驱而纳诸（之于）罟（gǔ，捕鱼鸟的网）擭（huò，捕兽的机槛）陷阱（捕兽的陷坑）之中，而莫之知辟（避）也；人皆曰予知，择乎中庸而不能期（jī）月（匝月，一个月）守也。"

"贤者以其昭昭，使人昭昭；今以其昏昏，使人昭昭"（《孟子·尽心下》）。一般人皆自以为是智者，在刀尖上跳舞犹不自知，还很高兴，真是发人深省之言！

智者，要避祸于无形，防患于未然。

自智其智者，日月至焉而已矣，乃不能期月守也。

第八章

子曰："回之为人也，择乎中庸，得一善，则拳拳（真挚诚恳）服膺（膺，胸也。服膺，铭记在心）而弗（不）失之。"

颜回，"其心三月不违仁"，"三"，为虚数，喻久，"三月不违仁"，久不违仁。

得一善，"拳拳服膺而弗失之"，奉持，存在心中而不失之，所以终生不违仁。"君子而时中"，颜回能久中，是中行之士。

第九章

子曰："天下国（诸侯之国）家（大夫之家）可均（平分，分治）也，爵（有爵为世家）禄可辞也，白刃可蹈（视死如归）也，中庸不可能也！"

天下国家可以分治，爵禄可辞，视死如归，生死都阻挡不了，但是中庸不可能。可见"致中和"有多难！"致"为功夫所在，《大学》致知—知至，《易经·困卦》"致命遂志"。

离中道，即极端。但能够以中道治事者，可说是很少！

第十章

子路问强。子曰："南方之强与（语末词）？北方之强与？抑（转下词，还是）而（汝，你）强与？

夫子与学生自由自在地谈天，不必天天板着脸！

"宽柔以教，不报（报复）无道，南方之强也，君子居（守）之。

孔子时候的南方，与今天所指南方不同，是离山东不太远之处。

南方之强，宽能容，用柔顺，不报无道，仁而有量，真阴险！宽柔，是最简单的术。

道家专用柔，如屋檐水，久可穿石，甚至成洞。用柔最

难，愈柔愈能克刚。

"衽（rèn，动词）金革（以金革为褥子），死而不厌（恨），北方之强也，而强者居之。

北方，代表一方，不代表具象的哪类。

北方风土严寒，马强鹰也强，人性刚烈，有胆，死也不怕。

满族、蒙古族歌，雄壮、自然的节奏，与生活的自然环境有关。

中国历代修长城，就是为了抵御北方之强。但是长城并不能解决问题，唯有修无形长城——以文德以来之，"通智除患，胜残去杀"。交流融合，互利共荣，"智周道济，天下一家"。

"故君子和而不流，强哉（语中助词）矫（强）！中立而不倚，强哉矫！国有道，不变塞（困窘，未达之时）焉，强哉矫！国无道（因正义少），至死不变（守死善道），强哉矫！"

养强还不行，得是"强哉矫"！即养"强中之强"。

"和而不流"，何等修养，才是强中强！要外圆内方，遇事不得罪人。"不可典要，唯变所适"，必以宜应变，不能一成不变，还要变得恰到好处。

"中立而不倚"，"执其两端，用其中于民"，是中流砥柱，众人的标杆，社会的安定力，中庸之强也。

"国有道，不变塞焉"，不改变操守，"富贵不能淫"（《孟子·滕文公下》），为强中之强。国无道，正义少，群趋于所好；"至死不变，强哉矫"，"守死善道"（《论语·泰伯》），殉国，当烈士，"匹夫不可夺志"（《论语·子罕》），是强中之强，文天祥足以当之。

如都学得成伯夷、叔齐，只是"圣之清者"，并不是中国史上之上乘者，应是"和而不流"，才是强中之强！你在社会，社会就是个大染缸，必知怎么活在这个圈里。"中通外直，不枝不蔓"，"出淤泥而不染"，做人之道完全在自己，必要约束自己，不可习以为常。

五伦，皆含群德，承认我以外有人的存在。"和"，即群德，见谁都和，与任何人都处得来，但是不同流合污。和合，绝不是同流合污，不流就无害，和而不流。一般人没和，就流。聪明反被聪明误，乃自作聪明者！

清朝实行"满不点元，汉不封王"制度（自从"三藩之乱"平定后，汉人不封王，已作为祖制传下来），旧社会"祖制不可违"。曾文正小时外号二呆，其实一点也不呆，他有功可封王，却上奏"祖制不可违"，换来个"满床笏"（笏，古代上朝时手持竹版，可用以记事。清用念珠）。

太平天国建都南京，咸丰帝惊惧忧思，曾有"有能克复金陵者，可封郡王"的期许。但曾国荃攻克天京后，却只封曾国藩为一等侯，曾国荃为一等伯。因清廷议功封爵之时，以曾国藩乃文臣出身，若封为王，"似嫌太骤，且旧制所无"，清廷并无汉人封王的祖制旧法。

现在每天都要求智慧。小国要不吃亏，而且要点儿东西来，不该给但是给了。

一个领袖没有真知而胡作非为，多么失策！每天要用时事印证智慧，遇事不能不用思想，看戏也得懂戏文。要随时测验自己，此乃智者的行为。

我何以顽固？自我的胡子，也可知我所受的教育与你们不同，也为你们留个纪念。

到北大去读书，如是个书呆子，就不必去了。要先知道自己为什么要去北京读书，是为了知情达理。解决问题不是感情用事，情必达理，到时怎样就怎样。

事情未来，不必弄得乱七八糟，如王婆叫骂般，没有脑子也没有心胸。事情是做的，并不是说的，如做得好则如日中天。马前课、马后课皆失策。

"小人怀惠"，当然变。一举一动，明白人入眼帘，早知你成才与否。人都有豪情壮语，何不看看自己的长相？刘备长相"两耳垂肩"，还只是"三分天下有其一"。

一国人要知道兄弟之情，到日本就知敌情。人说真话，才能入圣。狄仁杰对武则天说："太庙没有供奉姑母的。"

第十一章

子曰："素（《汉书》当作'索'，盖字之误）隐行怪（违众），后世有述焉，吾弗为之矣（我可不做）。君子遵道（中道）而行，半途而废，吾弗能已（守死善道）矣。

"索隐行怪"，行事怪异，违众，见这也不理，那也不理，只成学究、腐儒，即守其端者，孔子不为也。知"索隐行怪"此四字，就知道要怎么堂堂正正地做人。

"君子遵道而行"，"率性之谓道"，性生万法，皆不假外求，是与生俱来的。

"守死善道"，不半途而废，"有始有卒者，其惟圣人乎"（《论语·子张》）。

"君子依（不离）乎中庸，遁世（隐居）不见知（人不知）而不悔（不愠），唯圣者能之。"

"依乎中庸"，不离中庸，君子能时中。

"遁世不见知而不悔"，于世上隐遁，却绝无内心之不悦，"隐居以求其志"（《论语·季氏》），有万全准备了才能做事。"求仁而得仁，又何怨"（《论语·述而》）？"不易乎世，不成乎名，遁世无闷，不见是而无闷，乐则行之，忧则违之"（《易经·乾卦·文言》），"人不知而不愠"（《论语·学而》）。我自四十岁以后，就能解此一境界。

做事，起码要能不助人为恶。在乱世，要不助人为恶，就必得遁世。"唯圣者能之"，这就是圣人，"确乎其不可拔，潜龙也"（《易经·乾卦·文言》）！

《学庸》必须熟，将此智慧培养好，绝对能用世。

现在有几个知识分子懂得"夫妇以义合"？乡下老太太虽然没有读书，但是能遵守历代相承的道德。我刚来台时，台湾犹有中国风，有睦邻的风气，每家做东西必送邻居尝一尝。

第十二章

君子之道，费（bì，用之广）而隐（无法见）。夫妇之愚，可以与（参与）知焉；及其至（最高境界）也，虽圣人亦有所不知焉。

《说文》云："费，散财用也。"散之广遍也。隐，不见。"费而隐"，无所不用，但没法见。

"君子之道，造端乎夫妇"，夫妇为"人道之始"，用之广，但是没法见。一般男女可以参与，但是到了最高境界，虽是圣人亦有所不知。"大哉乾元，万物资始""至哉坤元，万物资生"，此圣人想的，神妙万物，"妙万物而为言者也"。

夫妇之不肖，可以能行焉；及其至也，虽圣人亦有所不能焉。

"肖"，似也。中国的道德，以父母为最伟大，所以都想象父母，称自己为"不肖子"，即不似父母那么伟大。父母不在了，则自称"不孝子"，从此不再能尽孝道，子欲养而亲不在。

皆是与生俱来的本能，"未有学养子而后嫁者也"，即孟子所谓"良知良能"。一般男女都可以行"君子之道"，但是到了最高境界，虽是圣人亦有所不能焉。

天地之大也，人犹有所憾（不足）。故君子语（yù）大（往大说，至大无外），天下莫能载焉；语小（往小说，至小无内），天下莫能破焉。

人的心境不一，想达至高境界不易。天地之大，无所不包，人犹有所憾。"羊羹虽美，众口难调"，所以别人的毁誉又何必动心？你骂人，人亦骂你，一比一，应该的，又何必生气？更何必跳楼！做事，只要认为是对的，就去做。

"小，天下莫能破"，至小无内，体之微；"大，天下莫能载"，至大无外，用之广。宇宙是一大天地，人是一小天地。天覆地载，天生之、地成之。

《诗》(《大雅·旱麓》)云:"鸢飞戾(lì,至也)天,鱼跃于渊。"言其上下察(一、至,贯通;二、著,昭著)也。君子之道,造端乎夫妇;及其至也,察乎天地。

《中庸》自十二章以后,时而引《诗》,极似《荀子》《韩诗外传》,亦见其非成于一人一时之手,足见《中庸》全篇绝非皆为子思所作。

君子之道之大,上至于天,下至于地。"致中和,天地位焉,万物育焉",天地为一大宇宙,人为一小宇宙,天人合一。

《诗经》首《关雎》,讲男女相交,要"乐而不淫,哀而不伤"(《论语·八佾》),虽是乐了,但在未举行婚礼之前,行为也不能过分;失恋,哀了,但也不能就此而伤生人之性,自杀或杀人。因为重视君子之道,开始即告诉人应如何去选对象。因为对象如选不好,这一生就垮了!

"君子之道,造端乎夫妇","贤贤易色",即教人要看重对方的贤、德,而看轻对方的色、貌。知此,则人人皆重视德,那么谁也不敢失德。因为色(外貌)不能长久,必须看轻其色貌,而重视其贤德。

夫妇以"义"合。《易经》上经首"乾、坤",以阴阳合德,刚柔有体,生生不息;下经首"咸、恒",讲夫妇之道在能恒久。恒,即爱情必定于一,要能专一不二。

第十三章

子曰："道不远（yuàn，当动词，远离）人。人之为道（人为的道）而远人，不可以为道（至道）。

"率性之谓道"，每个人都有性，顺着性就是道。要"无为"，顺自然。

"为无为，事无事"（《老子·第六十三章》），"为学日益，为道日损，损之又损，以至于无为，无为而无不为。取天下常以无事，及其有事，不足以取天下"（《老子·第四十八章》），"道常无为而无不为。侯王若能守之，万物将自化。化而欲作，吾将镇之以无名之朴。镇之以无名之朴，夫亦将不欲。不欲以静，天下将自正"（《老子·第三十七章》）。"人法地，地法天，天法道，道法自然"（《老子·第二十五章》）。

在人曰性，在身曰心，心即佛，性即佛，"佛在家中坐，何必远烧香"！直心即道场，如不重视自己之所有，而尽向外求，到处去找，即舍近求远。

"人之为道而远人"，远离人性，不合乎人性，不可以为至道，"性相近也，习相远也"（《论语·阳货》）。所有的宗教皆人之为道，但宗教家有大智慧，都想以智慧度众生。

儒家所讲，是在解决人生问题，不"人之为道"，索隐行怪。

《诗》（《豳风·伐柯》）云：'伐柯伐柯，其则（法则）不远。'执柯（斧柄）以伐柯（木头），睨（斜眼看）而视之，犹以为远。故君子以人治人，改而（能）止。

儒家解决人生问题。儒，人之需也。"其则不远"，性，人人皆有，与生俱来，性为则，"天命之谓性"，在人曰性，本身即具有，则性，不远离性。

"执柯以伐柯"，即面对人生，解决问题。是人，就可以通人之志；尽性，发挥性的本能，能尽己之性，就能尽人之性，进而尽物之性。

"人情以为田"（《礼记·礼运》），"田"，有立身之义。"以人治人"，人之情一也，必以人的尊严为田，以耕耘之；"改而止"，改能止，何等宽大！故能成功。"民胞物与"，故有情，能行仁也。以人情为田，百世耕之。

"民胞物与"，是人，都是同胞；物与，就是物、蚂蚁，也是我们的同胞。元，始万物、生万物，元胞。我们"夏教"的祖师爷，就是"元始天尊"。

伏羲，中国人之祖，人祖；元始天尊，造物祖，如西方"耶和华"，是元神、上帝。这就是夏教。《尚书·舜典》"蛮夷猾夏"，"夏"就是"中国"，中国的教叫夏教。

咱们研究《大易》的事，就是"民胞物与"。"民，吾同胞；物，吾与也"，所以，尽己之性、尽人之性，还得尽物之性。蚂蚁，不是物，蚂蚁和我们是一样的，吾与。"胞与"，尽己之性，尽人之性，尽物之性，然后才可"与天地参矣"。"民胞物与"，唯有中国人有这么高的思想。

尽物之性，科学家懂得物的性，就能发明。看科学家的伟大！反问我们自己究竟伟大在哪里？那就更能知道自己的价值了，否则将来我们连个蚂蚁的用处都没有！

"率性之谓道"，故要下"尽人之性"的功夫治人，使其将自己性的本能完全发挥出来，能用性的大能去处理一切事情，即"以人治人"。"改而止"，知敝、改其敝即足，何等宽大！

不要净是用"圣贤"的标准去期待、要求别人，"君子不以其所能者病人，不以人之所不能者愧人"（《礼记·表记》），如此做事，岂不是绰绰有余？

人就是人，要"以人治人，改而止"，"过，则勿惮改"

（《论语·学而》），用人之道、人之德、人之行来治人，就能与人打成一片，最后则"仁者无敌"，真成仁者了，哪里还有敌人？根本就没有敌人。"仁"和"元"，有什么区别？元、仁，都是二人，有对方的存在，能尊重别人。

苏老泉解释《孙子》是"一句一义"，而我是"一字一义"。所以，你们要彻底下功夫，但这可是非常人之所能为。

"忠恕违（离）道不远。施（加）诸（之于，语词）己而不愿，亦勿施于人。

"忠"，中心，尽己；"恕"，如心，推己及人。"忠恕离道不远"，因率性就是道，尽己之性，进而能尽人之性。

"施诸己而不愿，亦勿施于人"，自己不愿意的事，也就不要加在别人身上，"己所不欲，勿施于人"（《论语·卫灵公》）。我家不养雀，不因自己的愉快而造成别人的不快。

人必要"仰不愧""俯不怍"了，才能有自己的主宰。

"三十而立"，是在"十有五而志于学"后，又经十五年，而能立于己之所学，为己之所当为，绝不因为世俗的毁誉而有所动心。即己立立人，己达达人。

"君子之道四，丘未能一（当动词）焉：所（有一定之则，故云'所'）求乎子，以事父未能也；所求乎臣，以事君未能也；所求乎弟，以事兄未能也；所求乎朋友，先施之未能也。

此为孔子自叹之言，不能以之"一天下"，"治海内之众，若使一人"（《荀子·不苟》），使天下没有不忠、不孝的人！一天下，"安仁者，天下一人"（《礼记·表记》）。

"求"字，是孔子所求，还是指什么？求天下之为子者、求天下之为人臣者、求天下之为人弟者、求天下之作为朋友者。但不能使天下人都做到"事父、事君、事兄、先施之"，全部达到此一境界，此为孔子的遗憾。必"人人都有士君子之行"了，大道才能行于天下，天下为公，天下一家。

做完事绝不求报，即施。"朋友先施之"，对朋友，不占朋友便宜，焉能将利害置于前头？做事既是施舍，又何必求报？要练达，学会做事，做事不求报。

你小器，人家心里不舒服。"不念旧恶"（《论语·公冶长》），也不念旧惠。我为了了解这个地方，天天与台湾人在一起。人必要知道自己的长短。

我不论对的与错的都讲，可以有所参考，你们要善悟。

"庸（常，日常）德之行，庸言之谨；有所不足，不敢不勉（自勉）；有余（留有余地，积善积德）不敢尽（用尽）。言顾行，行顾言，君子胡不慥（zào，仓促、急忙）慥（慥慥，及时努力）尔！"

"庸德之行，庸言之谨"，庸言、庸行是谨，谨言慎行。

要重视自己的庸、凡，是平庸是凡人，平庸并不坏，人懂己之庸才会成功。

德，是自行为见出的，"庸德庸言"是平常行事、平常言语，完全在日常生活中，不必舍近求远，因为"率性之谓道"，顺着人性就是道，"道不远人"，不要净是"人之为道而远人"。

"有所不足，不敢不勉"，自己有缺失，要自勉；"有余不敢尽"，积善积德，留有余地，不敢用尽。做事总留一步，所以大智若愚。人做事，必要留有余地，"不为已甚"（《孟子·离娄下》），不逼人太甚，要积善、积德，日积月累乃成德。

"言顾行，行顾言"，慎行慎言，"言"与"行"必须互相照顾；"胡不慥慥尔"，有所不足，不敢不勉，要及时努力，君子能时中。

如干十多年仍不行，绝对在历史上留下骂名。做大事业，以造就接班人为第一要义。必须造就人才，没有干部怎么做事？有死党，可以共生死。

好耍小聪明者，永远不能打入核心，能够参与决策？如"人无千日好"能做事业？要一边做事，一边拣选干部。

我自登上这块土至今，所作所为天地共鉴，绝对无愧于心。"长白又一村"是重新开始。我到山地办中学，杨传广是第一班学生，那时供吃住。

自"解严"后，我才讲自己的。学不可以躐等。我每天所讲，都是"又一村"，不但在思想上，而且在行为上成就"又一村"。

当年慈航法师讲经，在大殿上静坐。那时交通不便。慈航圆寂后，我提议为穷人兴学，乃筹办慈航中学。后来出了问题，问："钱何处去？"说："娘家的养弟借去。"庙修好以后，我再也不上了。

当年为了筹办"华夏学苑"，我拿出带来的三件宝物筹款，却被说是"盗国宝"，东西被没收了。

证严固然不错，但是团体人一多就成问题。要求天下人都一样，是不可能的。

钱老师与其学生如何开始谈恋爱？师生"犹父犹子"，情同父子。既情同父子，又如何开口？大儒开风气之先，多少洋和尚率先还俗。还俗、结婚都可以，何以要和学生？其中多少含有骗术。

我回家多次，亲孙子没有拿过我一分钱，但是他的学校修礼堂，我领着他去捐钱。

以前上课的地方，都是租的。我现在的这栋大楼（台北市罗斯福路 3 段巷子，为书院旧址，师尊自 1978 年 12 月 1 日起在此授课至 2008 年 5 月，2011 年 3 月师尊在此坐化）是"东元"建造的职工宿舍，一二楼是办公室。因为同学的父亲是东元员工，我便宜买到的。

据说，东元董事长儿子是黉舍学生，他听闻老师在寻觅教学场所，送来聘书，说是"委屈"老师任顾问，以职工身份购置，作为兴学之用。这是天德黉舍、奉元书院同门年轻时美好的记忆，也是毕生最难以忘怀的天地。

凡事必依礼行事，不合理就不对。在头的领导者如果走错了，那后面就会跟着错。天下事就看合理与否，不谈对不对。一切要存真，不要自欺。

台湾已经畸形了，必自根上改变，否则将来就不堪设想了。乱伦之事屡见不鲜，如再装腔作势，则造成伪君子，坏！"君子居之，何陋之有？"（《论语·子罕》）要好好正天下，"人能弘道，非道弘人"（《论语·卫灵公》），不在乎对方喜欢与否。

"满洲国"一垮，都成俘虏了，我自此"长白又一村"。经审查，非汉奸，放出，不容易吧！

你们别盲目地道是非、好坏、善恶，愈是有名的大和尚愈是"猪公"。如要找女人就应该公开找，不必偷偷摸摸，就正正经经好好恋爱，在神佛面前绝对无愧于心。星云是慈航最小的学生，流亡和尚。

人千万不要自欺，否则心里不舒服。要真，脚踏实地。好面子，必作伪。台湾乱伦如此多，必遭天谴。怎么度此劫？

就一个"名"字，把人害死了！好名者，必作伪。蛇相，代表奸诈、卑鄙，不留半点儿余地，吃亏就转头。而送资政聘书的，居心何在？

你们除了投机以外，就没有别的。你们说出半句话，我都知道你们要说什么，净装腔作势，不过是骗自己罢了。

第十四章

君子素其位而行，不愿（务）乎其外。

"素"，反义"杂"，"素也者，谓其无所与杂也"（《庄子·刻意》）。素位，平日所处的地位；素守，平素的操守；素抱，平素的志趣、抱负。

"素其位而行"，按己位行事，能做多少就做多少，往前做一步。做什么要像什么。如忽略了时，完全于迷惑中活着，到社会方知"书到用时方恨少"。孔子"四十而不惑"，一般人则至死不悟。于社会得点俗名，就是名？人必要冷静深思。到了最高境界就懂得"知止"了，"知止而后有定"，乃能不惑。

"君子素其位而行，不愿乎其外"，"愿"，一、欲；二、务，专心致志。务外，即虚内务而恃外好。《论语》"不在其位，不谋其政""思不出其位"，《易经·系辞下传》曰"人之大宝曰位"，"守仁曰位"，尽自己的本分，负责任而有所表现。懂得位置的重要不重要？

我们穷读书的，穷读书的"位"太可怕了，我们不单单要为人类谋，更是要为苍生谋。所以那时候，我老母亲把我的号改为"慰苍"，我都没敢用。现在，我常常跟你们提"慰苍"。"苍"，《说文》云："草色也"。苍生，众生。抚慰苍生，民胞物与，无不爱也。

现在全世界为了气温问题，而惊天动地；我说"唯有夏学能降温"，我们是清凉剂，"清凉"两个字也有所本。"清"如水之清，清澈，不污染；"凉"，放一会儿，降温。开水凉一凉，再喝。

《易经》哪一卦"天地位焉"了？哪一卦是"各素其位"？既济卦（䷾），其《象》曰："利贞，刚柔正而位当也。"一、三、五都是阳爻；二、四、六都是阴爻，是不是各得其位了？这就是《易经》，中国思想最可怕的地方，什么都想到了。

素富贵，行乎富贵（于富贵中行中道）；素贫贱，行乎贫贱；素夷狄，行乎夷狄；素患难，行乎患难。君子无入而不自得焉。

素其位而行，不务乎其外，思不出其位，在其位必谋其政。不论在富贵、贫贱中，或是在夷狄、患难中，皆能行道，"富贵不能淫，贫贱不能移，威武不能屈"（《孟子·滕文公下》）。隐居以求己志，"志于道"（《论语·述而》），虽是隐居，仍必行道，不是世事不问。虽不为世用，仍有己志，不忘行道。

"君子无入而不自得"，无论进入什么环境，必得己之所欲得，绝不空入宝山回。孔老夫子说"我战则克，祭则受福"（《礼记·礼器》）。

读完，好好思维，至少像个"人"的样子。如果连个人形都没有，那就不是人了。成功，是有一定的步骤，不要太越分。

我天天忙，总给同学留后手。活下去，总得有个规矩，没有规矩不成方圆。要留智慧，不是留财产。要及时努力，君子能时中，要"无入而不自得"。

事情没来，就乱扯，最笨！将来怎么样，要看环境怎么样，没到何以要造谣，制造很多是非？净逞口舌之快，能够解决问题？

团结就是力量，千万不可以跑单帮。做事如先想到自己，也不会成功，因为存私。我希望你们永远有个"人样"就够了！不要行险侥幸！

不知所为，所以有请必到，混饭吃。谈问题，必要有专门研究，否则为大丑与小丑！应立志，看自己要做什么。圣人不能生时，时至而不失之，乃是真正的读书人！

人就怕惑于欲，能不惑，乃因知是非、曲直。

写书谈何容易，完全没有新意。诸子能写书，但是不能自保。商君死后遭尸解，还值得学？没有多少人超乎常人，就是扯闲。我不告诉他怎么做，怕误其长才。台湾五十年，有一人成功了？

每天要问自己："我要做什么？"知此，就不会到处出席。学必有所用，机不可失！能用智慧，太难！太难！

孔子聪明，给我们留下许多包袱，要我们承述。诸子想问题多么致密，何等聪明！但是没有一人成事。今天读诸子，应先求知什么？我读完书，质疑他们何以多晚景凄凉？读子书，也必要反过来读。

你们必加倍努力，头脑要清楚，不要净是盲人瞎马！大陆人至少比台湾人有头脑。台湾想有前途，必要先有自知之明。卖国绝对不可以原谅，尽做梦，脑中无横竖。要学会用智慧，得时至，不可以强求。

必学一点儿"诚"字，不要尽见利就忘义，见异就思迁。

余英时说他无意于做官，还说绝不回大陆，以台湾为中国文化的正统，根本是气话！大陆学人评其没资格谈讲中国文化。他这一辈子好意思回大陆？

中国人的精神是要化夷（《孟子·滕文公上》称"吾闻用夏变夷者，未闻变于夷者也"）。入外国籍，哪有资格谈中国文化？

在上位，不陵（欺凌）下；在下位，不援（攀缘）上。

正己而不求于人，则无怨。上不怨天，下不尤人。

"上下"，因职位不同，在一团体中，"同功而异位"(《易经·系辞下传》)，各有职责，各尽其责，分工合作。

不欺凌下、不攀缘上，"正己而不求于人"，求之不得，"反求诸己"。

《孟子·离娄上》曰："爱人不亲反其仁，治人不治反其智，礼人不答反其敬。行有不得者，皆反求诸己，其身正而天下归之。《诗》云：'永言配命，自求多福。'"

"正己"，"正其衣冠"(《论语·尧曰》)，穿着要与自己的身份相称。"人必自侮，然后人侮之"(《孟子·离娄上》)。

"不怨天，不尤人"(《论语·宪问》)，天爵自尊吾自贵，此生无怨亦无尤，自尊自贵，自己尊重自己，把自己看得很尊贵。

给人的第一个观感，就是"诚信"，不要到处耍小聪明，要能吃小亏。

故君子居（守）易（变易）以俟（待）命，小人行险以徼（同"侥"，求也）幸。

"居易"：一、守住平易的环境，此解与上文不类；二、守住世局之变，"时乘六龙以御天"，"六龙"，六变，随世之变，随时之变。

"俟命"，等待天命。环境有种种的变，但是自己不变，守住世变，以等待天命，"盖有待也"，待时，时至而不失之，"时乘六龙以御天"，随时乘变，最后"无入而不自得"。

什么都有时与势，"时"不到，就等着。势，看风向、表情、面色。求的是胜，必观风；其次，肯定这个时。什么时候下手打兔子？所读的书都用得上，得特别活。等时机，事永完不了，《易》以"未济"终。

"居易以俟命"，故能随遇而安，安己之所止。"行险以徼幸"，就押宝，撞大运，"罔之生也，幸而免"（《论语·雍也》）。

子曰："射（射之道）有似乎君子（君子之道）；失诸（之乎）正鹄（gǔ，箭靶之中），反求诸其身。"

"射有似乎君子"，射之道有似君子之道，"君子无所争，必也射乎！揖让而升，下而饮，其争也君子"（《论语·八佾》），君子之争，争之以道。

"失诸正鹄，反求诸其身"，没达目标，射偏了，要多练习几次，检讨看是哪儿出了问题。

连孔子都有人批评，所以遇事要有点耐力，往前奋斗就有希望。即使如我隐居了，也不是没有人骂，"事修而谤兴，德高而毁来"（韩愈《原毁》）。人骂，就好好听怎么骂，阿Q一点，何必生气？做事先看清了，然后有耐力、定力，结果就惊人！

同学中当老师的至少有五千人，可以承上启下。教书的，物以类聚。物伤其类，兔死狐悲，我将退休老师名单送慈济，可以当志愿者。

第十五章

君子之道，辟（譬）如行远，必自迩（近）；辟如登高，必自卑（低）。

"行远自迩，登高自卑"，最重要的是如何迈出第一步，"千里之行，始于足下"（《老子·第六十四章》），必要重视"卑、迩"的功夫，即从本身开始，由低而高、由近及远，按部就班，循序渐进，否则是空想。

真想成事必要有目标，但必马上想到：成就此事的基本东西是什么，即要素所在，才知怎么去做。如想开面包厂，必先到面包店打工两年，有基本的准备。实际经验比学历重要。

《诗》(《小雅·棠棣》)曰:"妻子好合(阴阳合德,天性也),如鼓瑟琴。兄弟(一奶同胞)既翕(xī,合),和乐且湛(zhàn,同'耽',达至境)。宜尔(你)室家(宜室宜家),乐尔妻孥(nú,妻与子)。"子曰:"父母其顺(顺心)矣乎!"

"妻子好合",夫妇之近,夫妇一体,要合好,就如同鼓琴瑟,要和谐一致。"窈窕淑女,琴瑟友之"(《诗经·关雎》)。鼓瑟鼓琴,琴瑟能和,弦必上得不松不紧,弹奏之前必须先和弦。

"兄弟既翕,和乐且湛",兄弟能合,相处和睦,一家和乐。

"宜尔室家,乐尔妻孥",昔日结婚,称"授室"。宜室宜家,宜室,小两口处好;宜家,使老两口亦处好。不论妻子、儿女,其乐也融融!

"父母其顺矣乎",儿子不忤逆、儿孙满堂,父母能不顺心?孝即顺,用顺以行孝,使父母顺心。教育父母就不对,要顺其心,不与父母顶嘴。从小就应学顺,父母在面前,父母都对,出门则自己做主,久假而不归,焉知其非孝?不顺都不行,何况说是"逆"!

孝顺父母、公婆,尽人的责任,此是良知的事,并没有所谓的新旧。人老了,就知道身体必变,要年轻人照顾才行。不孝父母,只知孝子女,那子女将来也不会孝你。身教重于言教,子女是看着学习长大的。

第十六章

子曰："鬼神之为德，其盛矣乎！视之而弗见，听之而弗闻，体（当动词，体会）物（万物）而不可遗。

中国人不是"神鬼观"，"神鬼"，宗教的，有迷信的成分。中国人是"鬼神观"。人死，才有鬼、神。祖先叫"鬼"，有遗爱在人的则称"神"。

"鬼神之为德，其盛矣乎！"人每天所吃、所用，都是鬼、神的遗德；"视之而弗见，听之而弗闻"，虽看不到、没听见，但"体物而不可遗"，一吃，就体会出来了。

人每天都生活在鬼、神的遗德里，所以不能不承认有鬼、神。今天一切的进步与享受，乃是代代的累积，都是鬼、神所遗留下来的。知此，怎敢遗弃"鬼神之德"？

中国人祭鬼神，是在报恩，不是迷信。文庙、武庙、祖师庙、天齐庙，为国家祭典。祭孔，春、秋的上丁日，非常隆重，午夜开始祭，天一亮就祭毕。祭武，于戊日，亦二次，武圣姜子牙，配祀关公、岳飞。

各行各业都有祖师，祖师庙是报恩之处。发明家入祖师庙。厨师的祖师爷——伊尹。

《吕氏春秋·本味篇》记伊尹以至味说汤："凡味之本，水最为始。五味三材，九沸九变，火为之纪。时疾时徐，灭腥去臊除膻，必以其胜，无失其理。调和之事，必以甘酸苦辛咸，先后多少，其齐甚微，皆有自起……非先为天子，不可得而具。天子不可强为，必先知道。道者止彼在己，己成而天子成，天子成则至味具。故审近所以知远也，成己所以成人也。圣人之道要矣，岂越越多业哉！"后为汤宰相。

中国人的聪明，从中国饮食即可窥见一斑。上馆子，在欣赏厨子的聪明。现在馆子只重样子，味则不行。吃，色、香、味，缺一不可。

现在北京"吃"已无昔日之味，功夫、火候均不足，"熏"（是以松枝、木炭、茶叶等的火烟烧烤食物，使其具有特殊的风味）尤其不行，是要做熟了，再熏，吃其味。脆皮烤鸭，皮必脆、肉多汁。

台湾什么都有，无一够味的。

"使天下之人，齐（同'斋'）明（明衣）盛服（礼服），以承（任）祭祀。洋洋乎（形容鬼神的伟大）如在其上，如在其左右。

"虽有恶人，齐（斋）戒沐浴，则可以祀上帝"（《孟子·离娄下》）。人人皆可祭天，因人皆天民，对天崇德报恩。帝王时代，只有天子可以祭天。

"齐明盛服，以承祭祀"，昔日进家庙祭祀时，必要穿戴整齐，态度虔诚、心怀敬意，诚惶诚恐，不敢稍有放肆。

祭祀之前，"齐必有明衣"（《论语·乡党》）。明衣，沐浴衣，以布为之，沐浴完更换明衣。身子干后，换上礼服祭祀。"圣人以此齐戒，以神明其德夫"（《易经·系辞上传》）。

《庄子·人间世》："回曰：'敢问心斋？'仲尼曰：'若一志，无听之以耳，而听之以心，无听之以心，而听之以气。听止于耳，心止于符。气也者，虚而待物者也。唯道集虚。虚者，心斋也。'"

祭祀时，"祭神如神在"，"如在其上，如在其左右"，无所不在。"如在"的观念，"吾不与祭，如不祭"（《论语·八佾》），不可以代祭。

"《诗》(《大雅·抑》)曰:'神之格(来)思(语词),不可度(臆度)思,矧(shěn,况且)可射(yì,厌怠不敬)思。'夫微之(动词,到)显,诚(心之诚)之不可掩如此夫!"

"《诗》三百,一言以蔽之,曰'思无邪'。"(《论语·为政》)《诗经》中"思"字,多为语词,无义。"思无邪",无邪!

"神之格思,不可度思",神之来,不可臆度;"矧可射思",又怎敢不敬?

"几者,动之微"(《易经·系辞下传》),"微之显",由微到显,知微之显,知微之彰。"诚之不可掩",因为"诚于中,形于外","人之视己,如见其肺肝然",骗不了人。

社会上做事与做人,微处最重要。人在社会做事,最重要的是要周到,不是难事。不是圆滑,周到很重要,要细心。做人周到,谁都高兴。

人贵乎有内在美,要想尽办法造就自己。人的内心如果不够圣洁,那就表现不出"望之俨然"(《论语·子张》)的威仪。

《易》由隐之显,《春秋》由显之微,贵微重始,中华民族是重微的民族,慎始诚终,"慎终如始,则无败事"(《老子·第六十四章》)。

祖师爷无一著作等身的,越深入才能越开辟。从本身做起,慢慢地收效。

我绝对本着良知做事,不是为哪个人做运动员。

第十七章

子曰："舜其大孝也与？德为（至）圣人，尊（位）为天子，富有四海之内。宗庙飨（同'享'，祭名）之，子孙保之。

自从有人类以来，懂得按孝行事者，可说是寥寥无几，只有大舜，所以称"舜为大孝"（《孟子·万章上》云"大孝终身慕父母。五十而慕者，予于大舜见之矣"）。兄弟不争者亦少，所以说"融四岁，能让梨"。

"大孝尊亲"（《礼记·祭义》），"立身行道，扬名于后世，以显父母"（《孝经·开宗明义》），大孝舜，是以揖让得天下，杀一无辜而得天下不为也。大孝，是为国家、民族尽孝。人必了解此生为何而活。

德，乃行现于外，行为的结果，有善德，也有恶德。"德为圣人"，圣人"贵除天下之患"，能解决问题的人，但是最难，所以成圣者少。

"大德必得其位"，"修其天爵，而人爵从之"（《孟子·告子上》），"尊为天子"，"天子者，爵称也"（《春秋公羊传·成公八年》何休注），继天之志，述天之事，天道尚公，公而无私。"与天地合其德"，"德合天者称帝"，帝舜，帝有主宰义。

"富有四海之内"，"富贵在天"，有无穷的富贵，"四海之内，皆兄弟也"（《论语·颜渊》）。

"宗庙飨之"，庙，《说文》云："尊先祖貌也。"《古今注》云："庙者，貌也。"《释名》云："先祖形貌所在也。""飨"，同"享"，献祭，上供。宗庙祭祖，所以尊祖也。

"子孙保之"，一、"保"同"报"，祭在报德、报恩，子孙报德，永世祭祀。二、"保"，宝也，珍视之。父母用过的东西称"手泽"，昔人保留先人手泽。对祖先有贡献的东西供于家庙，祭祀时展示先人手泽。

父母字画，皆先人手泽，不在乎其价值，留去思。《礼记·玉藻》曰："父没而不能读父之书，手泽存焉尔。"

"故大德（修天德）必得其位（天位），必得其禄（天禄），必得其名（令名），必得其寿（天寿）。

《孝经援神契》曰："禄者，录也。取上所以敬录接下，下所以谨录事上。"

中国人为"天民"观,"天之生此民也,使先知觉后知,使先觉觉后觉也。予,天民之先觉者也"(《孟子·万章上》)。

"大德",修天德,"大人者,与天地合其德";"必得其位,必得其禄,必得其名,必得其寿",得天位,享天禄,得令名,同天寿。

"仁者寿",仁者与天地同寿。颜回死否?今人仍认识之,故得天寿,能与天地同寿。

"故天之生物,必因其材(材质)而笃(栽培之)焉。故栽(种)者培之,倾者覆(扶)之。

"因其材而笃焉",因其材质,而笃实之、培育之。"天生我材必有用",不可以把自己浪费了!

"栽者培之",栽培,培育,怎么栽就怎么培、怎么育。

"倾者覆之","覆"字应是"扶",天有好生之德,倾者应扶之,方为生生之德。济弱扶倾,扶危济倾,仁之至也。

"《诗》(《大雅·假乐》)曰:'嘉(善)乐(乐道)君子,宪宪(《诗》作"显显",兴盛貌)令德(美德)。宜民宜人,受禄于天(享天禄)。保佑命之,自天申之。'故大德(天德)者,必受命(天命)。"

人之美德,在宜民宜人,故受天禄,再受天命,得令名。

古书中，"民"与"人"不同。民，百姓，白丁，纯老百姓；人，官，有地位者，为国服务的。

"受禄于天"，享天禄；"保佑命之，自天申之"，"天之历数在尔躬"，"天命之谓性"。天民、天德、天爵、天禄、天寿。

普通人只受一次命。"大德者，必受命"，修天道达天德，则上帝再申命，让他当领袖。

每个人都有人性，而几人"率性"而行了？每天都要显现人性，要好善乐施。

当刽子手，枪毙一人，使其家人亦受苦，自己到老年时必后悔，我就有此一经验。可见忏悔之伟大！做官，为了执法，而令多少人不快！所以判人死刑，还不如做好饺子给人吃。"听讼，吾犹人也。必也，使无讼乎！"（《大学》）慎择职业，要从事于人有福利的职业，"择不处仁，焉得知（智）？"（《论语·里仁》）择业与择居，同一重要。

教育子女，要他们凡事要往后多想几步，将来无论学什么，选择正途很重要。

择业特别重要。我告诉小孙子，什么应做、什么不应做。杀生的买卖绝对不可以干，何以忍心在动物活着正好时杀它？说太明白，他不太明白，告诉他："活着的都很愉快。"尊生，动物死后，都应有一块葬身之地。

如真有来生，我既不要智慧，也不要识字，但愿做乡下老百姓，真是人生一乐也。

第十八章

子曰："无忧者，其惟文王乎！以王季（季历）为父（有好老子），以武王（姬发）为子（有好儿子）；父作之，子述之。

文王，上有好父亲打好基础，下有好儿子打下江山。

"武王缵（继承）大王（太王，古公亶父）、王季、文王之绪（功业），壹（yì，同殪，诛灭）戎（大）衣（或作'殷'）而有天下（灭殷得天下），身不失（得到）天下之显名（显名比不上令名），尊为天子，富有四海之内，宗庙飨之，子孙保之。

武王绪成其先祖之功业，灭殷而得天下。

周自太王，始有翦商之志。王季，一生为商王征战，受商王之赐命与封号，但终为商王文丁处死。文王，为西伯，灭密须，伐耆、崇；克崇，入中原，三分天下有其二，以服事殷。武王，观兵孟津，《尚书·泰誓》乃战前宣言，宣称自己有决战之决心；牧野之战，《牧誓》则指斥纣之罪名；《武成》记战役经过："罔有敌于我师，前徒倒戈，攻于后以北，血流漂杵。"

《孟子·尽心下》曰："尽信《书》，则不如无《书》。吾于《武成》，取二三策而已矣。仁人无敌于天下。以至仁伐至不仁，而何其血之流杵也？"以暴易暴，血流漂杵，缺德，所以孔子评《武》乐"尽美矣，未尽善也"（《论语·八佾》）。

武王得的是"显名"。"显"名不同于"令"名，一字之褒、一字之贬。显名，朱一贵（1690—1722）在台湾史上也有；令名，可不得了，是美善，留芳万古。令德（美德）、令尊、令爱，"令"为敬辞。

孔子志在《春秋》，汉儒说一半真，一半则将当时政治主张加上去。熊十力认为，《中庸》有些经文系后人所加。依熊十力的观念，有些经文不是本文。

熊十力在《原儒·原外王》说："《中庸》一书，本为《易》《春秋》二经之会要，惜乎秦汉间人多所改窜，而精义微言犹复不少。""凡主张君主制度者，皆有其理想中之圣天子，赞其德用无穷。"

我们依经解经，易得到认可。

熊先生自认承接孔子之学，跑第一棒；我们要接力，跑第二棒。讲《礼记·儒行》时，应看《读经示要》谈"儒行"部分。

自《新唯识论》一书，可以看出熊先生思想之致密；《体用论》是其思想的结晶，但不易看。

熊先生对佛学、儒学均"用心深细"。今人边看书边抄书，有时还抄错字。我颇受熊先生"深细"二字的启示。

《说文解字》一天看一二字，认字。《说文通训定声》（清人朱骏声编著，凡十八卷，按上古韵部改编《说文解字》而成）也要看。阮元《经籍籑诂》（凡一百六十卷，依韵归字，每字下详列经籍中训诂，为训诂学书），读省事，但是不易深入。读书，工具书要齐备。

我当年用五两黄金买《大汉和辞典》。

《大汉和辞典》是日本人诸桥辙次编著，凡十三册，收录中国单字语汇，而以日文释义。是以《康熙字典》为基础，旁参《说文解字》《玉篇》《广韵》《集韵》《正字通》《中华大字典》及其他字典，还旁采新闻、公文书、报纸、杂志之类的资料，范围甚广。虽所解释大多为汉语词汇，但其中的解释掺杂日文，若对日文无基础认识，检阅恐有不便。

现在训练小孙子查辞典，看要点。现在他已经可以写三千字文章，其毛笔字之美，可以看出人的潜力，真是无法形容！只要用心深细，人人都办得到的。

《学庸》不要当作文章读，没有人认同我的讲法。我教五十年书了，应该好好整理，不再教了。但是"奉元"此一思想，不能单叫台湾懂。台湾的文化太浅，四十年基础怎么读中国书？

现在已经没有人敢打中国了，应该要好好下功夫整理中国文化了。不能走余英时之流的路子讲中国文化，你们要素其位而行，学什么必要好好学，才能占有一席之地。如没能尽责任，那就对不起祖宗了。

我常听电视上的课，不好的也听。

台湾人想要有福，必要做中国人。中国一起来，至少执牛耳五百年，亚洲还得是中国的。

一个人起码要有点儿人性，检讨自己做事有几分人性？修养不足，报在子孙，甚至报在己身。蒋家做梦也没有想到成为一门"杨家女将"，人绝对不可以欺心！

"武王末（老年）受命，周公（姬旦，武王弟）成（绪成）文武之德，追王（wàng，追封）大王、王季，上祀先公（祖先）以天子之礼。斯礼（追封之礼）也，达乎诸侯大夫及士庶人。

此为据乱世，"光宗耀祖"的观念。一子成佛，九祖升天，荣耀之至；有过，则撤追封之礼，辱及先人。

中国封建政治的贡献，周公是第一人，完成文王、武王之德，追封三世，大王、王季也成为天子了。

追封先人制，墓前的碑，依身份换碑，有一定的尺寸。此制度使人激励奋发，人皆愿有好子孙。

"父为大夫，子为士，葬以大夫，祭以士；父为士，子为大夫，葬以士，祭以大夫。

"父为大夫，子为士"，士是基层的公务员，儿子不如父亲，所以父亲死了，以大夫身份葬，但只能以士身份祭祀；反之，如曾文正，其先人几代务农，父为秀才，而曾成就了清朝的中兴之业，有复国之功，乃追封三世。

曾家祖坟，前有御赐碑文，述其功，此即光宗耀祖。

《曾文正公陵墓·神道碑》载："公讳某，字涤生，世为湖南湘乡人。曾祖竞希、祖玉屏、父先县生麟书，三世皆以公贵，封光禄大夫。曾祖妣彭氏、祖妣王氏、妣江氏，皆封一品夫人。夫人衡阳欧阳氏，生男二：纪泽闳生，户部员外郎，锡爵为侯；纪鸿附贡生。孙三人：广钧、广镕、广铨，皆幼。公既薨，纪鸿、广钧皆赐举人，广镕赐员外郎，广铨赐主事。女五人，皆适士族。"

历代衍圣公（历代帝王对于孔子后裔的封号）碑，毁了又立，立了又毁。周公庙（位于山东省曲阜市市区东北），碑也被打碎了。

冷静一想，中国文化太悠久了。真有大志者，必须重新整理中国文化。

"期（周年）之丧，达乎大夫；三年之丧，达乎天子。父母之丧，无贵贱一也。"

"期之丧"，穿一年孝服。大夫服叔伯的孝一年，大夫以上则不服。

《孟子·滕文公上》称："三年之丧，齐疏之服，饘粥之食，自天子达于庶人，三代共之。"对父母服三年之丧，是天下通丧。

承重孙亦服三年丧。

长子若先去世，就由嫡孙代替服丧，称为"承重孙"。承重，即承担重任的意思。也就是说，如果长房长子还健在的话，长房长孙只能被称为"嫡孙"，只有在长子已经先于其父母去世，由嫡孙代替其父，为祖父母服"斩衰"（三年孝）的情况下，这个长房长孙才能被称为"承重孙"。

妻子故去，三年后再娶。

第十九章

子曰："武王、周公，其达（通达）孝（孝理）矣乎？

"达孝"，知之者，但未必行孝，因仍是杀无辜以得天下，家天下为祖宗尽孝，武王继文王"翦商之志"。舜为大孝，为国家民族尽孝。"达孝"与"大孝"，一字之贬严于斧钺，一字之褒荣于华衮。

"夫孝者，善（最会）继人之志，善述（接着）人之事者也。

人的尊严特别重要。《春秋》重人，即重视人权，此乃微言大义之所在。

继志述事，必知父母之志，指好的方面而言，故"三年无改于父之道，可谓孝矣"(《论语·学而》)。

"春秋，修其祖庙，陈其宗器（礼器），设其裳衣（衣冠），荐其时食。

以前家庙保存先人发迹的东西，此为中国人不忘本的精神，饮水思源，追远。

中国人有成就了，得光宗耀祖，重修祖庙，修祖坟。祖庙、祖宅，是嫡子嫡孙住的。

"盥而后荐"，荐时食，"不时不食"(《论语·乡党》)，时鲜果先供再食。此不同于祭祀，而是"事死如事生"，要让祖宗尝新，故先祭再食。中国人祭祖是感恩，保佑观是后来的。

"宗庙之礼，所以序（当动词，次）昭（左）穆（右）也；序爵（陪祭的），所以辨贵贱（位之高低）也；序事（分配做事），所以辨贤也；旅（一个个，一同）酬（敬酒，打通关）下为上，所以逮（及）贱（下）也；燕（宴飨）毛（毛发），所以序齿也。

每年的春、秋二次祭祖。祭时，依左昭右穆的排序，父亲与儿子不在同一边。

序昭穆，"所以别父子、远近、长幼、亲疏之序而无乱也。是故，有事于大庙，则群昭群穆咸在而不失其伦。此之谓亲疏之杀也"(《礼记·祭统》)。

"序爵"，主祭，不序爵，为嫡子嫡孙；陪祭，序爵，"所以辨贵贱"，按官位高低。"宗庙之中，以爵为位，崇德也"（《礼记·文王世子》）。

"序事"，看活人办事；"所以辨贤也"，辨贤能，看办事能力。"宗人授事以官，尊贤也"（《礼记·文王世子》）。

"旅酬下为上"，打通关，在下位的向长辈敬酒；"所以及下也"，敬酒，一个个敬，不分地位高低，也叫孩子喝。

"燕毛"，宴时，看头发的颜色入座，不可以乱坐。"序齿"，排位看年纪，有伦有序。"杖者出，斯出矣"（《论语·乡党》），虽然麻烦，但是有人情味。

"践（履，登）其（祖宗）位，行其礼，奏其乐，敬其所尊，爱其所亲，事死如事生，事亡如事存，孝之至也。

祭祖，祖宗有过什么位，必用那个礼，儿孙有尊严。家庙前，中举可立竿，当过宰相、出过帝王，可用高规格的礼、乐。"事死如事生，事亡如事存"，有"如在"的观念，亲在养身，亲故养志，"孝之至也"。

同一庙祭祖的，皆祖宗之所亲，同族就不得争吵，吵架必在祖宗面前忏悔。敬天祭祖，是内聚与团结，承先启后。

旧社会，见比父亲大的要称"伯"，比父亲小的称"叔"。遇母亲同辈女人，到姑家称"姑"；到姨家称"姨"，男的称"舅"。中国是礼仪之邦，并不是空的，见人都有称呼（谓）。

亲亲，亦有远、近之分。"丧纪以服之精粗为序，不夺人之亲也"（《春秋公羊传·宣公六年》何休注）。

　　丧有五服，到第六代除服，仍在一庙祭祖，但过五代也不穿孝，出服。出五代不穿白，穿黑，叫佩素。第五代小孩穿红，称喜丧。

　　五服，高祖父、曾祖父、祖父、父亲、自身五代。古代以亲疏为差等，五服以内为亲，五服以外为疏，亲者服重，疏者服轻，依次递减。《礼记·丧服小记》所谓"上杀、下杀、旁杀"即此意。服制按服丧期限及丧服粗细的不同，分为斩衰、齐衰、大功、小功、缌麻。

　　同宗，同源，配白，很亲。

　　《春秋公羊传·庄公二十四年》何休注："族所以有宗者，为调族理亲疏，令昭穆亲疏各得其序也。故始统世，世继重者为大宗，旁统者为小宗，小宗无子则绝，大宗无子则不绝，重本也。"

　　《尔雅·释亲》云："族父之子相谓为族昆弟，族昆弟之子相谓为亲同姓。"族兄或族弟的儿子相互间已经没有丧服的关系，只有同宗的关系了。

　　宗人府，遇事合作，但不穿孝。

宗人府，明清时期管理皇家宗室事务，掌管皇帝九族宗族名册，按时撰写帝王族谱，记录宗室子女嫡庶、名字、封号、世袭爵位、生死时间、婚嫁、谥号安葬诸事。凡是宗室陈述请求，均为之向皇上汇报，并引荐贤才、记录得失、圈禁罪犯及教育宗室子弟。宗令，一人，宗室王公担任，掌皇族属籍，修辑玉牒，奠昭穆，序爵禄，丽派别，申教诫，议赏罚，承陵庙祀事。

帝室分嫡系（嫡系血脉）、帝系。开国功臣，过五代即"贵而疏"；皇帝的亲兄弟，即"亲而卑"。

"郊（郊天）社（祭地）之礼，所以事上帝也；宗庙之礼，所以祀乎其先（祭祀祖先）也。明乎郊社之礼，禘尝之义（祭义），治国其如示诸（之于）掌乎？"

郊天祭地，是王的礼。郊，天坛祭天；社，地坛祭地。

中国的上帝就是"无"，有生于无。宗庙，祭祖。"作乐崇德，殷荐之上帝，以配祖考"（《易经·豫卦》），祭祖配上帝，为追崇生命之"元"。

民间供"天地君亲师"牌位，立于中堂。以孝治天下，是报本。炎黄子孙祭黄陵。

《荀子·礼论》称："礼有三本：天地者，生之本也；先祖者，类之本也；君师者，治之本也。"

禘祭，是五年一次的大禘。古者天子禘祭，祭所自出之帝于始祖之庙。

尝祭，为四时之祭，"春曰祠，夏曰礿，秋曰尝，冬曰烝"（《春秋繁露·四祭》）。秋天行尝祭，秋收时，先请祖宗尝新。

中国是祭政合一，乃示不忘本。平时则"敬鬼神而远之"（《论语·雍也》），"非其鬼而祭之，谄也"（《论语·为政》），除淫祭，不迷信。

了解郊社、禘尝之祭礼、祭义，则治国就如同看手掌心，那么容易，清清楚楚！

第二十章

　　哀公问政。子曰："文武之政，布（写，记载）在方（木版）策（简策）。

　　《礼记》是汉儒编写的，《中庸》为其中一篇，部分为汉儒所加。

　　"文〔武〕之政，布在方策"，"武"应是加上去的，武王是"大盗盗国"第一人。文王，并非指周朝文王。《尚书·舜典》载舜"受终于文祖"，尧为文祖。可见是先有"文王"的观念，周朝才将其祖称为文王。

　　《春秋公羊传·隐公元年》"王正月"，《传》曰："王者孰谓？谓文王也。"何休注："不言谥者，法其生，不法其死。"文王，是活文王，不指周文王；"与后王共之，人道之始也"，"文王既没，文不在兹乎"（《论语·子罕》），文没在兹，是生生不息的文德之王。《传》又曰："曷为先言王而后言正月？王正月也。何言乎王正月？大一统也。"何休注："明受之于天，不受之于人。自公侯至于庶人，自山川至于草木昆虫，莫不一一系于正月，故云政教之始。"。

"莫不有文〔武〕之道焉"（《论语·子张》），莫不有文王之道，是活文王，不指周文王，因为人人皆可以为文王。"文王既没，文不在兹乎"，王会死，但文不亡，"以俟后圣"（《春秋公羊传》），代有传人，此为中国人"文"的使命观。

"其人存，则其政举；其人亡，则其政息。

"人存政举，人亡政息"，此成为政治的大障碍，实不足为法，使中国几千年进步为之缓慢。历朝历代都有几年小安局面，但控制不了就改朝换代，一治一乱，中国史就在治乱循环中，而有《二十五史》。

《春秋》"大居正"，大一统。公羊家说"明修法守正，最计之要"（《春秋公羊传·隐公三年》何休注），应是以法治，不可以人治，本大法行事，则无论谁都可以接着做。

中国文化太悠久，但传越久，离源头越来越远。有些地方中毒太深了，毒素并不是三两天就能够去除的，但也不必文过饰非。你们依然有钦定的遗毒。

另起炉灶之时，躬逢胜世，今天应正本清源，正学，挑出各家的真言，还中国文化本来面目。《孝经》"开宗明义章"犹存几句真言，加"中于事君"系汉儒所加，为后面造假的伏笔。真《孝经》毁了，成伪经。

"人道敏（动词）政，地道敏树。夫政也者，蒲卢也。

"人道敏政"，人人皆可以成为文王，人人皆可以成为尧舜，人人都可以成为政治家，如尧舜。为政，如好好做，就能生效。

"地道敏树"，地种什么就长什么，地道"厚德载物"，无不持之载之，地德"含弘光大"，万物资生，生生不息。

"蒲卢"，芦苇草，容易生长，但是随着阳光而变化，"夫政也者，蒲卢也"，比喻政治瞬息万变。

《金刚经》云："一切有为法，如梦幻泡影，如露亦如电，应作如是观。"知此，什么都不必留恋，要去私、去伪！

"故为政在人，取人以身，修身以道，修道以仁。

"为政在人"，以"取人以身"作为标准。做事要有几分人性，可以骗尽天下人，但是不可以欺心。

"修身以道"，"率性之谓道"，要尽己之性；"修道之谓教"，教人以道，尽人之性，能率性。

"修道以仁"，以仁道教人，"仁者爱人"，第一个是爱自己的老伴，"仁者，二人偶也"，偶，平等。相偶，比"齐"义深，与人相处时显出仁。

"仁者，人也，亲（动词）亲（名词）为大；义者，宜也，尊贤为大。亲亲之杀（shài），尊贤之等，礼所生也。

"仁者，人也"，仁者爱人，仁者无不爱，"安仁者，天下一人"，看每个人都一样，一视同仁，人人平等，没有阶级之分。

"亲亲为大"，仁者爱人，"立爱自亲始"（《礼记·祭义》），先亲自己的父母。

《论语·学而》曰："孝弟也者，其为仁之本与！"

《孟子·告子下》曰："亲亲，仁也。"又《孟子·离娄上》曰："仁之实，事亲是也。"

"大"之用，特别重要，自此始。人人亲其亲而天下平，一部《大学》之要旨在此。

"义者，宜也"，宜人、宜事、宜物。宜于人，尽人之性，也必宜于事、物，尽事之性、尽物之性。不宜于事，岂能通事？因为道理弄不通。相宜，恰到好处，"夫妇以义合"即相宜，但是真正相宜的又有几人？

台湾的乱，其来有自，对事情的道理根本没有通，所以整天乱哄哄的。今天戴念珠已经成为装饰品，除了要钱外，就是迷信。搞政治，根本就是弄民，为达目的不择手段，达到目的就完了！何以今天正经事净是走偏锋，大家不能冷静坐下来谈一谈？

"尊贤为大"，礼贤下士，大之用！"举直错诸枉"，"举皋陶，不仁者远矣"（《论语·颜渊》），"见贤思齐"（《论语·里仁》），使不仁之人能远离不仁之事。

"亲亲之杀"，"杀"，等差，亲亲有远近、亲疏之分，由近及远，由父母及于兄弟，是一奶同胞。"老吾老，以及人之老"（《孟子·梁惠王上》），推己及人，己立立人，此乃儒家之高贵处。

"等"，称量轻重。戥子，用以衡量金、珠、药物等贵重物品的衡器。秤砣，即权，在秤杆上移动，可以衡量物的轻重。

"尊贤之等"，"等"，等级，必知贤者的级位，有士、君子、贤人、圣人、大人。人往高处爬，希圣希贤，才能"见贤思齐"。

"礼所生也"，"礼者所以定亲疏，决嫌疑，别同异，明是非也"（《礼记·曲礼上》），"不知礼，无以立"（《论语·尧曰》），以礼立世。

〔"在下位不获乎上，民不可得而治矣。〕

据朱注引郑玄说法，以此为衍文。

"故君子不可以不修身；思修身，不可以不事亲；思事亲，不可以不知人；思知人，不可以不知天。

修身，尽己。尽己之性，尽人之性，尽物之性，其性一也。

"事亲"，事人，要知人，"不知言，无以知人"（《论语·尧曰》），言为心声，志乃心之所主，要知父母之志，"无忝所生"，光宗耀祖，此为人伦之道。知此，就不作践自己。

"知人者智"（《老子·第三十三章》），知人为第一要义，大小事一也。知性，知人，就不易堕落。注意："益者三友，损者三友"（《论语·季氏》）。

从"天"到"性"，经过几个步骤？说任何一句话，都得有层次。该说三个，只说两个都不行。"知天"与"知性"，两者有何不同？"在天曰命，在人曰性"，"天命之谓性"，天命就是性，不等于"性就是天命"，所以说"知天"，不说"知性"。

"知"的功夫是什么？尽也。"知天"，可是麻烦事，包含可广了。"唯天为大"，大就是天，"至大无外"，无所不包，学大，知天。在人曰性，尽人之性，知人；尽物之性，知物；尽事之性，知事。

"各正性命，保合太和，乃利贞"，与生俱来的，但每个不同，下功夫培养，保合以养性，太和以养命，如此，都能尽其性，才利于正固。

"大哉乾元，万物资始，乃统天"，天那么大，但为元所统，乾元统天。"统天"与"御天"，中间有多大的区别？元，始万物，统天；人则天，"时乘六龙以御天"。中国人学御天之术。

学《大易》之道，全世界无如《大易》之御天之术，即学御天之术。根据什么？"大明终始，六位时成，时乘六龙以御天"，"六龙"喻六变，按时乘这六个变，以控制、驾驭、领导天下事。斗智，时时有之，在《易》海中汲取智慧之水，看谁出的招高。

"天下之达道五，所以行之者三：曰君臣也，父子也，夫妇也，昆弟（兄弟）也，朋友之交也，五者天下之达道也。

"达道"，达，通也，由天子以至于庶人，皆不能出于五伦。

"和也者，天下之达道也"，"礼之用，和为贵"，喜怒哀乐"发而皆中节，谓之和"，情中节，有伦有序，伦常。人不同于畜生，在乎伦与理。

"君臣"，是秦汉以后的思想，君在前面。《礼记》是秦汉以后成书的。先秦以前，"父子"是在"君臣"之前。《易经·序卦传》云："有夫妇，然后有父子，有父子，然后有君臣。"专制时代强调君臣，乃将君臣置于首位。孔子的观念"君使臣以礼，臣事君以忠"（《论语·八佾》），君臣关系是相对的。今天虽已无君臣，但仍有"主从"。

"昆弟"，昆，《说文》云："同也，从日比。"表示二人在日光下并肩行走。本义：一起，共同。昆，兄也；昆，贯也，恩情转远，以礼贯连之。"四海之内皆兄弟也"。

《尔雅·释言》云："昆，后也。"《尚书·商书·仲虺之诰》曰："建中于民，以义制事，以礼制心，垂裕后昆。"垂优良之道示后世。

"知、仁、勇三者，天下之达德也，所以行之者一﹙应为'三'﹚也。

"所以行之者三"——智、仁、勇为三达德，乃人人必行之德。智、仁、勇即识、量、胆，缺一不可。在乎行，不能行没有用。

"智"，即识，有识才能看得远，知道要怎么做事，必要有做事的实际智慧。如不能用智，没有多大前途。"智者不惑"，不惑于欲，包括名、利、色等。

"仁"，量，有容乃大，有多大的容就成就多大的事业。"仁者不忧"，不忧己私，先天下之忧而忧。

"勇"，胆，胆小不得将军做。"勇者不惧"，不惧人势，见义必为。养勇，无胆亦不能成事。"知耻近乎勇"，不知耻就不进步，"无耻之耻，无耻矣"﹙《孟子·尽心上》﹚。

"或生而知之﹙自师己性﹚，或学而知之﹙学则不固陋﹚，或困而知之﹙常人﹚，及其知之一也。

三等知：生知，"生而知之"，上智之士；其次，学知，"学而知之"；第三，困知，"困而知之"。"困而不学，斯为下矣"﹙《论语·季氏》﹚，是最下的，乃愚人也。

"生而知之"者少。求知，"学而知之"亦不易，要"困而知之"。《易》有困卦，为忧患九卦之一，"困，德之辨也""困，穷而通""困以寡怨"（《易经·系辞下传》）。处困时，"君子以致命遂志"（《易经·困卦》），拼着命努力干，也要达成自己的志。

"或安而行之（安仁者），或利而行之（利仁者），或勉强而行之（勉仁者），及其成功一也。

"安而行之"，安行，"仁者安仁"，"其心三月不违仁"，无论什么环境，自己的思想都必得实行，要"无所不用其极"，则"无入而不自得"。

我，安仁居士，绝不改变，足以当之，到哪儿都讲这一套。后面没有背景，一生绝没有投降。

"利而行之"，利行，"智者利仁"，"日月至焉而已矣"，但至少做事皆于仁有利。有智慧的准备，要先观察，最后再决定。

"勉强而行之"，昔做事很努力，称"勉强"，就是天上掉下钱来，也必哈着腰去捡。勉行，知耻近乎勇，要困知勉行，努力以达到。

生知、学知、困知，安行、利行、勉行。

社会就是需要而有用，人家需要什么，而你正具备这个条件，当然有用了。

"不可为典要，唯变所适"，昨天要做的事，今天环境变了，方法也得变。要以智应事，怎可一成不变，那岂不是呆？权权，圣时，以宜应变，不能一成不变，还要变得恰到好处。

事关己身，因不知人，所以被骗了！"君子者乎？色庄者乎？"（《论语·先进》）遇事、遇人要能思辨，明辨之。有独立的人格，才能有独立的表达。

真要为人类谋幸福，必得用中国思想，都有一整套的东西，串在一起了，前后绝不相抵触。现在不再抄书，"集注"的时代也已经过去了。中国思想绝对是一贯的，要贯串在一起，不能有所抵触。孔子曰："吾道一以贯之。"（《论语·里仁》），要依经解经，但不容易，必要下功夫，经书要熟。

"子曰：'好学近乎知（智），力行近乎仁，知耻近乎勇。知斯三者，则知所以修身；知所以修身，则知所以治人；知所以治人，则知所以治天下国家矣。'

我特别欣赏此章。我为学的方向：不浪费，绝对认真，绝不比附任何人。我一生虽没有成就，但是绝对不自欺，不对不起父母。

你们的脑子太笨，为你们讲多少宝贵的东西，你们都浪费了！我做事有恒。人第一个要修不自欺，要时常检讨。

"好学近乎知"，好学并不就是智者，是近乎智，仍未达到智者的境界。

谁写一东西能够达意了？谁学过作文了？"春眠不觉晓"，既是不觉晓又如何"处处闻啼鸟"？"夜来风雨声，花落知多少？"已经到晚上，都熟睡了，听闻风雨声合理吗？

韩愈《原道》是最坏的文章，愈看愈乱，只有"足乎己无待于外曰德"一句可以。学文，可自《续古文辞类纂》（有王先谦、黎庶昌辑本）入手，收近代清儒的文章，可以看得明白。能熟读五十篇到百篇，则文章绝对通顺。

我一生有两件憾事：一、不会写白话文；二、不会说英语。英语必精，说、写要如同外国学者般流利。中国人必要学日文，因其成事不足，败事有余。

"力行近乎仁"，"力行"，强恕而行仁，恕，如心，如己心，推己及人。想在社会上站住，活得热闹，必懂得关心别人，别人才能关心你，许多事皆相对的。不懂得人之所需，又怎能关心别人？懂人的心理，才能应之。为人必细心，才能成事，恰到好处很重要。"近乎仁"，并不就是仁。"仁者，人也"，仁者爱人，仁者无不爱，凡所生都能得其所生。《春秋公羊传·隐公元年》"元年，春，王正月"，何休注："明王者当继天奉元，养成万物。"王，天下所归往，人主动归往，仁者爱人，而无不爱，要发心！

"知耻近乎勇"，知耻的人绝对勇于己之所为。如知耻，为什么要做假？就因为不知耻！人要懂得知耻，慢慢就没有耻了，"无耻之耻，无耻矣"。

人的欲极为可怕，欲多了，往往会使人下贱。嗜欲深者，天机浅，没有智慧可言。要断己之欲，并不容易，最好不要学自己本来没有的毛病，不会因为有了那种毛病，就能显出你的高贵。宁可多存些钱，少存点儿嗜好。否则达不到时，何等痛苦。

我什么都经过，但是绝不留恋，说戒就戒，不要成为欲的俘虏。绝不可以养欲，有什么嗜好都一样。食不求饱美，不要非什么不吃，遇什么就吃什么。求饱美，自作孽，不可活。

好学、力行、知耻，乃是修身之宝。修身治人，内圣外王，王道之始：孝慈义；智仁勇，三达德备，王道之成，成功了。王道是什么？董仲舒曰："古之造文者，三书而连其中，谓之王。三画者，天、地与人也，而连其中者，通其道也。"（《春秋繁露·王道通三》）将天、地、人串在一起的，即中。王者居中也，取天、地与人之中以为贯而参通之，皇极之道也。"皇极"（《尚书·洪范》），极，中道，君之中道。王者，天下所归往，以身作则，以德立民。必知其所以然，贵乎能行。

看一人之好坏，就看其修身的功夫如何。"人要坏，四十开外"，孔子"四十而不惑"（《论语·为政》），不惑于欲。要慎交，如交错一个朋友，那就伤品败德了，可以使人完全堕落。不知，则一失足成千古恨，使双亲为之蒙羞。

人之常情，不一定是常理。年轻则可，做事幼稚则不可。做人很是不容易，见利必须思义。台湾尘埃落定了，见利忘义之辈必会浮上台面。什么都能过去，唯有"业"随身。现形记，真不知从哪儿写起，太热闹了！

"凡为（治理）天下国家有九经（大纲）：曰修身（本）也，尊贤也，亲亲也，敬大臣（君使臣以礼）也，体（体恤）群臣也，子（动词，亲之如子）庶民也，来（lài，亦作'徕'，劝勉、安抚）百工（一、百官；二、百业）也，柔（怀柔）远人也，怀（安）诸侯也。

此谈"九经"之次第，由近及远。

朱子引吕氏曰："天下国家之本在身，故修身为九经之本。然必亲师取友，然后修身之道进，故尊贤次之。道之所进，莫先其家，故亲亲次之。由家以及朝廷，故敬大臣、体群臣次之。由朝廷以及其国，故子庶民、来百工次之。由其国以及天下，故柔远人、怀诸侯次之。此九经之序也。"

《中庸》讲政术，"九经"即为政术。有了经，就可以用纬，经纬天地即文。

下面谈"九经"之效用。

"修身则道立，尊贤则不惑（不惑于欲），亲亲则诸父（叔伯）昆弟（堂兄弟）不怨，敬大臣（之言）则不眩（昏眩），体群臣（君使臣以礼）则士之报礼重（臣事君以忠），子（爱。王引之：当读'慈'）庶民则百姓劝（劝勉），来百工则财用足，柔（安抚）远人则四方归之，怀（念思，使归己）诸侯则天下畏（敬畏）之。

"修身则道立"，立身行道，"孝弟也者，其为仁之本与"，修身以孝为本，永远按此标准行事。

"率性之谓道"，顺着性去做就是道。"觚不觚，觚哉！觚哉"（《论语·雍也》），人不人，人哉！人哉！人要是不懂按人性去做事，能是"人"？做事，没有感到悔恨就足了，因为没有欺心。《坛经》不离自性，"一切般若智，皆从自性而生，不从外入"，一真一切真。信什么，没有改变自己没有用。

读书，第一个是在改变器质，即已经养成的习性、成"器"的模子。自己想成什么器，必要塑成那个器质，如当外交官就要有外交官的威仪、器质。

"尊贤则不惑"，"见贤思齐"。能知敝、知病了，就不会惑于欲。

"亲亲则诸父昆弟不怨"，"亲亲"，亲其亲，同宗族的叔伯、堂兄弟就不怨，宗族和美。

"敬大臣则不眩"，"眩"与"惑"近，但比"惑"轻。敬大臣之言，头脑就不晕眩，眼睛可以看得清楚。"君使臣以礼，臣事君以忠"，皆敬己敬事，敬事能信，彼此互信，才能成事。

"体群臣则士之报礼重"，"体"，必对每个臣子皆了解，此功夫最难！"体"字当体悟之，缺什么，送什么，必了解对方之所需，所需价高于金钱价。你体人，人就体你。天下事永远是一比一，只有子女对父母而言永远是负数。昔孝父母，今孝子女，正是"颠倒颠"。

体恤朋友，"朋友先施之"，得施其所需，不求回报。朋友相处不好，问题多半出在钱财上。如知道"施"的观念，那拿出去了就不考虑回报，不送来就算是应该。真正的朋友，人生知己二三人而已矣，同甘苦，共患难。同其所好，同好不一定是朋友。

"子庶民则百姓劝"，"子庶民"，亲之如子，当成像儿子般爱，为民之父母；"则百姓劝"，会互相劝勉、努力。

"来百工则财用足"，"来"，安抚，劝勉。"百工"：一、百官；二、街上之形形色色，皆百工之所成。"审曲面势，以饬五材，以辨民器，谓之百工"（《周官·冬官考工记》）。招商引资，振兴百业，各行各业，分工合作，各取所需，安居乐业，则国家财用足，人民生活富足。

《春秋公羊传·成公元年》何休注："古有四民：一曰德能居位曰士，二曰辟土殖谷曰农，三曰巧心劳手以成器物曰工，四曰通财鬻货曰商。"

《周官·冬官考工记》："作而行之，谓之士大夫；审曲面势，以饬五材，以辨民器，谓之百工；通四方之珍异以资之，谓之商旅；饬力以长地财，谓之农夫。"

"柔远人则四方归之"，怀柔远人，则近悦远来。"柔远人"，不可以心胸狭窄。"远人不服，则修文德以来之"（《论语·季氏》），"修德以来远，闭祸以除怨"（此系师尊用语，袭自《管子·版法》"召远在修近""闭祸在除怨"）。

"怀诸侯则天下畏之"，"怀"，怀抱，怀柔，有安之意；"侯"，"候也，所以守蕃也"（《孝经援神契》），天子之斥候，尽责，敌人入不了。昔五百里为"侯服"，"建万国，亲诸侯"（《易经·屯卦》）；"畏"，心服、敬服，敬畏，"畏之"，用"聪明睿智，神武不杀"，得到敬服。

下一步棋要怎么走？必得能随时、应时，如果预设就失败！机会不能把握，将来必受苦。这不是谈政治，而是谈切身问题。一个人不能自保，还谈什么其他？

下面谈"九经"之方法。

"齐明（斋必有明衣）盛服，非礼不动（克己复礼），所以修身也。

"斋明盛服"，斋，心斋；"使民如承大祭"（《论语·颜渊》），敬慎；"斋必有明衣"，斋时，沐浴后着干净的明衣。"盛服"，祭祀时穿礼服，"出门如见大宾"（《论语·颜渊》），从内到外成为新人，"苟日新，日日新，又日新"（《大学》）。

"非礼不动"，非礼勿动，"克己复礼"（《论语·颜渊》），"所以修身也"。"不学礼，无以立"（《论语·季氏》），以"非礼不动"修身。

今天之所以乱，因为从小就没有学礼，"不学礼，无以立"。小孩从读书开始，学校就没有教做人的道理。

今天有几个小孩会接电话，懂得应对之道？要用恭敬语，从小要学会尊敬别人，"敬人者，人恒敬之"（《孟子·离娄下》）。不懂自己不懂，所以不知道别人比自己懂，怎么会尊敬别人？人与人之间，要懂得怎么称呼人，此为最起码的教养。

大小事皆必察微，要以小观大，如小事没能注意，处理大事怎么能注意？脚踏实地检讨，否则会变成最野蛮的。没有一个人会说客气话，根本不懂得礼。知识分子应负教育责任，要随时随地教。

"去（除去）谗远（动词，远离）色，贱（动词，看轻）货而贵（动词，看重）德，所以劝贤也。

"去谗远色"，《说文》云："谗，谮也。""谗"，毁善害能，是非者就是是非人。"色"，最为诱人，形形色色，"令色无质"。不听谗言，远离色诱。

"贱货而贵德，所以劝贤也"，轻货重德，"贤贤易色"，所以劝勉人为贤。但许多人就"近谗好色，贱德而贵货"。一部《中庸》讲"贵德贱货"，亦即《大学》所谓"德本财末"。应以此劝勉自己。

"尊其位（分层负责），重其禄（应得酬劳），同其（与部属）

好恶，所以劝亲亲也。

"尊其位"，处人就是尊重对方，各有其职、各司其职，不可以越权越分。人之所以处不好，乃因为侵占了别人之位。要素其位，不务乎其外，在位谋政，各守本分。

"重其禄"，禄者俸也，乃居官所给之廪，为其生活之资，应重其应得之禄。

"同其好恶，所以劝亲亲也"，"同其好恶"，应面对实际研究问题，最后才能同其好恶。"民之所好好之，民之所恶恶之，此之谓民之父母。"（《大学》）

既是一家人，即"一奶同胞"，所以要劝勉自己"亲亲"，不要互相看不顺眼。"人人亲其亲"，自"亲亲"入手，事亲尽责，就"天下平"。"刑（型）于寡妻""兄弟怡怡"，父母其顺心乎！

"官盛任使，所以劝大臣也。

"官盛任使"，官者，管也，"官先事"（《礼记·学记》），政事，先学做那件事，才能管理那件事，"官盛"，不是人员多，官要够用，不要一人兼许多职。"任使"，按其能力而任之、使之。"道盛德至善，民之不能忘"（《大学》），是"才德"盛，才能"任使"。"所以劝大臣"，劝勉其向上，使各尽所长。各有所任，各有所事，为民服务。

"忠信重禄，所以劝士也。

"忠信，所以进德也"（《易经·乾卦·文言》），尽己之谓忠，言可复曰信。就是官大了也不能骗人，净说些不能兑现的话。

"重禄"，使其生活有所保障，才能养廉；轻禄，就得贪污，生活才够用。有时贪污是被逼的，迫于生计。"士"，是基层的公务员。"所以劝士"，要劝勉公务员勠力从公，必让他们有足够的生活保障。

"时使薄敛，所以劝百姓也。

"时使"，"使民以时"（《论语·学而》），"不违农时"，于农闲时从公，不耽误其谋生计；"薄敛"，轻税，不把税赋压在他们身上。

"小人怀惠"，一般百姓给一点好处，就念念不忘，此所以劝勉百姓也。

"日省（察）月试（考核），既（xì，同'饩'，禾米）廪（lǐn，谷也）称（相称）事，所以劝百工也。

"日省月试"，每日检查、每月考核其工作成效。
"既廪称事"，昔以禾米、谷物代俸禄，所领薪俸与所任事要相称，此所以劝勉百工也。
《考工记》一书，是记载百工的官书。

《考工记》，又名《冬官考工记》，是中国目前所见年代最早的手工业技术文献。西汉时，《周官》中"冬官"篇佚缺，河间献王刘德便取《考工记》补入。刘歆校书编排时改《周官》为《周礼》，故《考工记》又称《周礼·考工记》或《周礼·冬官考工记》。目前多数学者认为，《考工记》是齐国官书，是齐国政府制定，用以指导、监督和考核官府手工业、工匠劳动制度的书，作者为齐稷下学官学者。

"送往迎来，嘉（嘉勉）善而矜（同情）不能，所以柔远人也。

"送往迎来"，"礼尚往来，往而不来，非礼也；来而不往，亦非礼也"（《礼记·曲礼上》），礼是互相的，谦让可以化争。

"嘉善而矜不能"："亨者，嘉之会也"（《易经·乾卦·文言》），"力恶其不出于身也，不必为己"，大家修德以补这个"不能"，社会就没有废才，使"矜寡孤独废疾者，皆有所养"（《礼记·礼运》）。

"民吾同胞，物吾与也"，天下同体。"怀柔远人"才能"远近大小若一"，天下乐利安生。

"继绝世，举废国，治乱持（扶持）危，朝聘以时，厚往而薄来，所以怀诸侯也。

兴灭继绝，继绝举废，不能灭人祖宗的血食，应使其子孙祭之，无子孙则于同宗中选继承者。此儒家之真思想。

例如琉球王国，与中国向来有关系。

琉球国，是介于中国台湾岛和日本九州岛间的一个古代国家和地区的名称，该地也有琉球皇室，以前琉球国辖域包括琉球群岛及其周边海域。曾经向中国的明、清两代朝贡，1609 年后为日本、中国两属，同时向两国朝贡，而北部的奄美诸岛被日本占领，属今日的鹿儿岛县，余下地区于 1879 年也被日本通过"废藩置县"吞并，改名冲绳县。二战日本战败后，由美国托管。1972 年 5 月 15 日后，日本重新恢复对冲绳县行使行政管理权。

此外，不丹王国亦曾与西藏有宗藩关系。

不丹，是位于中国和印度之间喜马拉雅山脉东段南坡的一个内陆国。西藏与不丹的宗藩关系在 18 世纪颇罗鼐掌政西藏的时期确立。清廷未将不丹纳入属国，但允许西藏拥有自己的属国。1772 年英国入侵不丹，1865 年强迫其签订《辛楚拉条约》，并迫其割让 2000 平方公里土地。1907年，乌颜·旺楚克废除德布王，自任国王，建立不丹王国。1910 年 1 月，英国、不丹签订《普那卡条约》，不丹实际上成为受英国保护国。印度独立后，于 1949 年 8 月同不丹签订《永久和平与友好条约》，不丹转成由印度保护，印度有权干涉其外交，并在其国内驻军。(参见周娟、高永久《试论清代中国西藏地方政府与不丹之间的宗藩关系》)

"治乱持危"，"治起于衰乱之中"，要"拨乱反正"，正，王道；"危"，《说文》云："在高而惧也。""危而不持，颠而不扶，则将焉用彼相矣"(《论语·季氏》)，要扶颠持危，力挽狂澜。

"朝聘以时"，按时上朝聘问。昔日附庸之国在北京都有会馆，商人亦住在会馆。

明清及民初，同乡或者同行在京城及大城市多建有供居住、办公兼休闲场所的会馆，有客房、会议室等，大的会馆还有戏楼。(可参看何炳棣《中国会馆史论》)

专制时代没有说皇帝是"职"的，只说诸侯向天子"述职"。今文家以"天子一爵""天子一位"，天子是最高的爵位，当然也有其职。天子失位，当贬，故公羊家称"贬天子"。唯"公羊学"称天子有职。

《孟子·万章下》云："北宫锜问曰：'周室班爵禄也，如之何？'孟子曰：'其详不可得闻也。诸侯恶其害己也，而皆去其籍。然而轲也，尝闻其略也。天子一位，公一位，侯一位，伯一位，子、男同一位，凡五等也。'"《白虎通·爵》云："天子者，爵称也。爵所以称天子者何？王者父天母地，为天之子也。故《孝经援神契》曰：'天覆地载谓之天子，上法斗极。'《孝经钩命决》曰：'天子，爵称也。'"

以前朝贡，是将贡品陈列于堂阶前的院子，称"庭实"（陈列于朝堂的贡献物品）。礼单送来，只选几样。贡一赠十，来一次给三年的东西，厚往而薄来。但也不能一次给太多，下次来时再给。

根据台北故宫博物院典藏文献记载，清时台湾地方官员进贡台湾土产，康熙还曾接见有才艺的少数民族；乾隆时台湾少数民族赴京朝觐，乾隆还颁赐赠予前来祝贺他八十大寿的部落头目。

"凡为（治理）天下国家有九经，所以行之者一（诚）也。"

行此"九经"一也，即以"诚"行之。

儒家之学告诉我们大纲大法，而做事是技术，要有专学，具备时代知识，大本必立住。

《学庸》并不是讲大同世，但是大同世必经过此，真明白了绝对能应世。

历史就是通鉴，要以史为鉴，每个人都可以用来照照自己。

努力必要有方向，一个时代就几个代表人物而已。真想有所建树，绝对不可以偶俗。

中国现在是最有为的时代，必要好好努力，以此作为力量，人无力量绝对不能成事。任何事绝不是一人能成就的，要群而不争。聪明过度就是傻子，一举一动净是想捡便宜。一个人如聪明过度，就没人敢相信你。

人之所以能有所成就，往往是跌倒了爬起，爬起了再跌倒，再跌倒了再爬起，天下事绝对没有白捡的。希望同学们在这时代不要空过。

遇事要深省。政客之所以坏，老百姓要负责，就因为民之无知。所以知识分子一定要负起教育百姓的责任，更要好好开浑蛋的玩笑，一句话可以惊醒浑蛋人！

知识分子要负时代的责任，现在是"一切翻版""一切之始"的机会。

凡事豫（事先准备）则立（事能成），不豫则废。言前定则不跲（jiá，踬也，跌倒），事前定则不困，行前定（素定）则不疚（愧），道（为人处世之道）前定（有所定夺，决定）则不穷（应变无穷）。

"禁于未发之谓豫"（《礼记·学记》），"思患而豫防之"（《易经·既济卦》），要防未然，有备才能无患，一切事情在未发之前即将之禁住，防患于未然才是上策。

做事必要有耐力，按部就班，有万全的准备，才能有备无患。但是事情一旦发生了，就不是两三天能够解决的，此时应先养精蓄锐，再求如何解决问题。天下无过不来的山崖，天下本无事，不要看得很严重，就看成是小孩摆家家酒，处事就越能镇定。

"豫则立"，豫是素定，从有智慧开始一直到死，从开始懂事就有决定了。从有知识以来没有彷徨过，一生没有改变，不论在造次、颠沛之际，皆必于是，此素定也。能如此，焉无成就？

素养，经由好学；素定，是"知止"。没有素养，哪有素定？

素养而后有素定，要自平素就注意孩子的行动。如想望子成龙，必平素就教他成龙，此即素养。

有机会要教育小孩，随时尽责任，从小就要他知止。台湾有钱人对小孩知道怎么教育？暴发户根本不会教育孩子。

定，是自"知止"来的，知道有重点。定了，绝不见异思迁。知止，而后有定、静、安、虑、得，得了，得一，得仁，所以能"无入而不自得"。自得，得己之所止。

"前定"，豫。不要临渴掘井。临上轿，才要穿耳眼儿，就会惊慌失措。庙算，下知彼功夫，谋定而后动，就不会乱无章法。

"踬"：一、音 jiá，绊倒，《说文》解为"踬也"；二、俞樾《群经平议》作"佮（gé）"，即老子"将欲歙之"之"歙"，闭塞也。"言前定，则不跲"，慎言，话到舌边留半句，"一言既出，驷马难追"，四匹马都拉不回，"多言数穷，不如守中"（《老子·第五章》）。

"事前定则不困，行前定则不疚"，做事必先计划好，"必也临事而惧，好谋而成"（《论语·述而》）。

"道前定则不穷"，为人处世之道必须有所定夺，平常的道在怎么应付穷。穷则变，变则通，以变应无穷。所以，必须能随机应变、随时而转，绝不守株待兔。培智，在随机应变。

怎么培智？必经由好学。穷则变，变则通，要应变，知道有问题了马上就变化，随机应变以穷、变、通、久。

万般不与政事同，做事不同于为政，孔子分析"政"与"事"："政者，正也"，正天下之不正，以归于正，百姓可得好处；无此标准，只是为事，当事务官而已。智者头脑必清楚、冷静，故能分析得清楚。

有了经验、事功以后，才能讲出道理来，立德、立功而后立言，"有德者必有言"（《论语·宪问》）。闭门造车，就谈治国之道，乃"混吃"也。

想永远成功要从哪儿入手？知敝。人都有毛病，必要知敝。能知敝，就快成功了！"永终知敝"（《易经·归妹卦》），想"永终"必"知敝"。

我在台五十年，在屋中坐五十年，这就是成功，素定也。

许多人见异就思迁，见利就忘义。

我有一完整的计划，干到头脑不明白为止，不明白就上极乐世界，不要遭罪。我骂人总是绕弯，有术，不以骗人为业。

一个人做事始终如一就是成功。我这一代就"救亡图存"四个字，所以一生天天喊叫，唯恐国亡了！

收复台湾（此指 1945 年光复）不易，绝不可以再丢。"台独"要亡台，真爱的是日本、美国。我骂"台独"，是要惊醒你们。

台大对面的"大史饺子馆"，是一来台大兵开的，他娶了一年轻的台湾太太。可以吃其煮花生、豆腐干及牛肉。我诸葛不亮，但是孔（小）明。

屈万里（1907—1979）结错婚，窝囊过一生，没几年得了胃病。山东人喜吃大蒜、葱。社会事就是如此，人生不如意事十之八九，懂此，就不会不愉快了，要有心理准备，要懂得什么是人生。

"永终知敝"。知敝，即知道不如意的事。恋爱不可以盲目，两人生活习惯不同，很难以美满。知敝，躲开了敝，就能永远有幸福。想永终，要自"知敝"入手，齐家、治国皆如此，小则夫妇能幸福。真明白了，要会用。

在下位不获乎上，民不可得而治矣。获乎上有道（一定的方法）：不信乎朋友，不获乎上矣。

上下即今主从，办事有主从。上使下以礼，下事上以忠，彼此信任，互相尊重，各尽己责。在下位的如目中无长官、跋扈，也不得长官的信任，上下没互信，离心离德，等于没有幕僚。百姓清楚得很，终究必失败。

主从关系，也是朋友关系。"朋友以信"（《论语·学而》"与朋友交，言而有信"），必要尊重朋友，在朋友面前立信，说了必做。不重朋友之道，说话不加考虑，轻诺寡信，一定少有信用，无信不立，不能互信。

信乎朋友有道：不顺乎亲（不孝之人），不信乎朋友矣。

我父亲交代："不与不孝之人为友，不交有钱的朋友。"一个人对自己父母都不孝，何况对其他人？父母是我们一生中最近的，无论如何必孝，以顺为孝，不与父母顶嘴，"父子之间不责善，责善则离，离则不祥莫大焉"（《孟子·离娄上》）。

天下最难的是教子，因感情、关系特殊。一个人真能教子，就成了！因太亲了，就没法教。真能达父子之情的很少。处人之难，连父子之亲，都得求守限度，何况是朋友？真懂得爱，多少必有点牺牲。

顺乎亲有道：反诸（之于）身（己身）不诚，不顺乎亲矣。

以"诚"反省自己，"反身而诚"（《孟子·尽心上》），尽己之性。"诚者，天之道，诚之者，人之道"，尽己之性，"率性之谓道"。

"你从哪里来？"懂此，怎敢不孝？会无条件顺父母。"凭什么你有今天？"父母就等着你明天对他尽孝。

诚身有道：不明乎善，不诚乎身矣。

明善诚身。性，体；善，用。善，天道之用。不明白天之道，就不懂得人之道，如何修身？

"继之者，善也；成之者，性也"，"成性存存，道义之门"（《易经·系辞上传》），"天命之谓性"，成性了，还要下存而又存的功夫。善，性之用，日行一善，莫因善小而不为，讲用，才发人深省！

"成之者，性也"，"率性之谓道"，顺着人性做事就是道，是与生俱来的。"元者，善之长也"，"继之者，善也"，善，元也，生也，仁也，"君子体仁，足以长人"。中国人是最会用"性之善"的人。

性、善、中、独，必分清了，办事才不会出纰漏。

"喜怒哀乐之未发，谓之中；发而皆中节，谓之和"，"致中和，天地位焉，万物育焉"，"中"与"和"合而为一，性、情不二，"与天地参矣"，乃天人合一的境界。

每句话都用得上。必得深入，要多看几遍。

你们要好好努力，责任之所在，要负起时代的责任，如净是投机取巧，怎能进步？中国东西太真实了，必要真行，绝不是滑头鬼能够讲的。

你们能成学？你们是盗智，完全口耳之学，未加以体验。成学，得是自己体验的。

诚者，天之道（行健）也；诚之（法天，则天）者，人之道也。诚者，不勉而中，不思（想）而得，从容中道，圣人也；诚之者，择善（有智）而（能）固执（守）之者也。

《孟子·离娄上》云："诚者，天之道也；思诚者，人之道也。"《中庸》讲一"诚"字。一个"诚"字，用于生活上，即成活学问。

天之道，行健，"四时行焉，百物生焉"（《论语·阳货》），如日月之运、四时之变，皆有条不紊，一点也不虚伪，诚也。

"诚之者，人之道"，人法天，自强不息。"诚者，物之终始，不诚无物"，就不能生生不息，因为三心二意。

"诚者"，圣人，生而知之者，"仁者安仁"。"不勉而中"，顺自然而中于道。"不思而得"，则天、尽性，不勉不思，体性之本善，顺自然做事。"从容中道"，不加勉强即合乎道，"从心所欲而不逾矩"（《论语·为政》）。

"诚之者"，贤人，学而知之者，"智者利仁"。"择善而固执之"，有智慧能择善而固守不失。

博学之，审问之，慎思之，明辨之，笃行之。有弗学，学之弗能弗措（中途而废）也；有弗问，问之弗知弗措也；

有弗思，思之弗得弗措也；有弗辨，辨之弗明弗措也；有弗行，行之弗笃弗措也。人一能之，己百之；人十能之，己千之。果能此道矣，虽愚必明（皆自明也），虽柔必强（皆自强也）。

这章很重要，"人一己百，人十己千；虽愚必明，虽柔必强"。当年，阮芝生说是我们的校训，在我们印的书前面即有此文。

"博学之"，"有弗学，学之弗能弗措也"，无所不学，一事不知，儒者之耻。学，必学到一境界，不能中途而废。但"博学于文"，仍必"约之以礼"（《论语·雍也》），亦即克己复礼，非礼不动。学，是知行合一，不当歌唱，必去实行。

"审问之，慎思之"，"切问而近思"（《论语·子张》），"学而不思，则罔；思而不学，则殆"（《论语·为政》），"思之思之，鬼神通之"。思，心思，耕之耘之，《说文》释"睿也"，睿智，虑深通敏，敏则有功。

"明辨之"，辨析，早辨，"履霜，坚冰至"，从履霜到坚冰，"其所由来者渐矣，由辩之不早辩也"（《易经·坤卦·文言》），故"驯致其道，至坚冰也"（《易经·坤卦》）。

做事要"视其所以，观其所由，察其所安"（《论语·为政》）。广博吸收，但是必须审慎，不粗心大意以求真知。

前面几个即"知"。明辨是非了，然后笃志、力行，笃实去行真知。知行合一之谓学，能知能行，实践之学。

"人一己百，人十己千"，"骥一日而千里，驽马十驾，则亦及之"（《荀子·修身》）。曾文正以此成其伟业，其书房名"求阙斋"。

"虽愚必明"，勤能补拙，不怕自己的智慧不足，一勤天下无难事；"在明明德"，明德为要，学而知之，就怕你自己下的功夫不够。许多成大功、立大业的人都不是最聪明的。

"虽柔必强"，柔能克刚，是真正的强，君子以自强不息。

第二十一章

自（由）诚（天之道）明，谓之性（率性之谓道）；自明（明明德）诚，谓之教（修道之谓教）。诚则明矣，明则诚矣。

"诚"与"明"的关系如何？"诚者，物之终始"，"大明终始"（《易经·乾卦》），明能始终，终而又始，生生不息。《中庸》与《大易》相表里。

"诚者，天之道"，天命，"天命之谓性"，天命就是性，在天曰命，在人曰性。"自诚明"，从诚而明，自天道而明的；"谓之性"，叫作性。性，天命，体，本。从诚而明，从本而明，尽性，出于天性，"生而知之者"，为圣人，圣人自师己性。

"诚者，天之道"，"天行健"，健进不已，天无息；"诚之者，人之道"，人法天，自强不息。"率性之谓道"，即自师己性，是圣人，也是立教者。

"修道之谓教"，教，明白道，"率性之谓道"，率性明道。"自明诚"，从明道才知天道；"谓之教"，叫作教，从教而知率性，"学而知之者"，为贤人，能"见贤思齐"。

"诚之者，人之道"，"修道之谓教"，即接受教育，是"学而知之者"，明白了"道"以后，才能修到"诚"的境界。

"诚则明，明则诚"，"诚"与"明"互为因果，及其成功一也，皆可以"与天地参矣"。

诚而明，"文明以健"（《易经·同人卦》），"生而知之者"，是由诚得明；明而诚，"在明明德"，"学而知之者"，是由明得诚。

"诚者，自成也"，皆自成也，皆自明也，"诚者，非自成己而已也，所以成物也"，成己成物。

《学庸》好好悟，天天琢磨，真体悟了，一生可以取之不尽，用之不竭。

智慧与学力很重要，如只知其然而不知其所以然，就很难做。但求真知可是不易。明理不难，知所以用理为难。权，因利能制权也，可与适道未可与权，权权以穷变通久。

第二十二章

唯天下至诚（生而知之者），为能尽其性；能尽其性，则能尽人之性；能尽人之性，则能尽物之性（物理）；能尽物之性，则可以赞（助）天地之化育（天生物，人能役物）；可以赞天地之化育，则可以与天地参矣。

读书在明理，能够理事。"天命之谓性"，"至诚"，能尽己之性，尽人之性，尽物之性，天生物，人能役物，可以赞助天地之化育，"可以与天地参矣"！

"天地为大矣，不诚则不能化万物；圣人为知矣，不诚则不能化万民"（《荀子·不苟》），什么叫诚？纯一，不二，尽己之性。尽性，把自己性的本能完全发挥出来，在事业上尽良知，能用性的大能处理一切事情。"尽己之性"最为不易，人皆长于原谅自己而骂别人。能尽己之性，进而影响别人亦能发挥其性的本能，即"尽人之性"。

发明家能"尽物之性"，"知周乎万物，而道济天下"（《易经·系辞上传》）。如不懂得"尽物之性"，就把物都糟蹋了，是暴殄天物。发明家是耍物的，故能"尽物之性"。政治家则是耍人的，得"尽人之性"。

"化育"，"化"，为第一步；"育"，则是永远保持化之成果的功夫。"育"，鸟、鸡伏在蛋上，使卵内的胚胎发育成雏鸟、雏鸡。没有育，则鸡蛋永远不出小鸡。

文化是自"自然"来的，不可以造假，"化育"是慢慢变的，愈变愈加致密，是有步骤的。小孩天天接受文化，刚开始什么也不懂，懂得挑剔了就是文化。文化是有层次的，今天唬，明天未必唬得住，因为"唯上智与下愚，不移"。要以文化世，不是空言，必须行。小事能注意，日久就懂得要怎么树立文化了。

可以赞助天地之化育，则可与天地平视，也就是平等。天能生物，你就能役万物，"天工人代"（《尚书·皋陶谟》云"天工，人其代之"）。人为"天民"，可以代天工之不足，使天下无弃物。故有《天工开物》一书。

《天工开物》是明朝宋应星整理其调查研究农业和手工业方面技术的著作，是世界上第一部关于农业和手工业生产的综合性著作。

"致中和，天地位焉，万物育焉"，"与天地参矣"，"与天地合其德"，成"天、地、人"三才之道，有遗爱在民的人，死后就成为"神"，"与天地参矣"，平视，平等。御天，配天，赞天。

是天民，就有天权，谁也不能剥夺，因为"万物皆备于我"，人人都有使用权，没有所有权，社会不可以有独占的行为。

"积善之家，必有余庆"，有余善留给子孙用。做事要给儿孙留余地，必本良知做事，绝不可以巧取豪夺！动心眼者，无一有好子孙。

与我交往的都是我友，怎么可以批评？想当年他为我效力过。我所骂的都是与我没有关系的人，骂其行为，最后都与草木同朽，何必说人的坏话！

传承很重要，所以要讲学。"学之不讲，德之不修"，是吾忧也。如果不能"为往圣继绝学"，那谁还知中国有真学问？所以，你们业余也得讲学。但是讲学必得自己真明白，知道怎么一回事，必是真正地体验过了。

第二十三章

其次致曲（一曲之士），曲能有诚（亦知法天之道），诚（诚于中）则形（形于外），形则著（著明于天下），著则明，明则动（主宰出乎动），动则变（化之渐），变则化（到了化境），唯天下至诚为能化（化民成俗）。

上面讲"至诚"，圣人境界，生而知之。"其次致曲"，讲一曲之士，学而知之。

"曲"，曲求也，探索。"致曲"，"致"是动词，专心致志。"致曲"，一曲之士，一技之长，懂得一点的人，不赅不遍，自一方面之长努力，但无法尽物之性，"致远恐泥"（《论语·子张》）。如以自己是愚拙的，那就要下"尽己之性"的功夫。真功夫，必经过多少弯才能达成。

"曲能有诚"，亦知法天之道，学而知之，"诚则形，形则著，著则明，明则动，动则变，变则化"，只要有"至诚"的精神，就无不化。"古之所谓曲则全者，岂虚言哉！诚全而归之。"（《老子·第二十二章》）

"唯天下至诚为能化"，"天地感而万物化生"（《易经·咸卦》），"君子所过者化"（《孟子·尽心上》），能够化民成俗，有至高之德才能化民，化民成俗，"居贤德善俗"（《易经·渐卦》）。化，左右逢源，不会格格不入；俗，是自然而然，不做作。

但化自己的又有几人？说容易，做特别难！化自己，也得至诚，即真心地悔改，"忧悔吝者存乎介，震无咎者存乎悔"（《易经·系辞上传》）。

我在台五十年，又改变几个人了？你们小毛病都去不了，何况是大毛病？人的小毛病不去，积累在一起，就成为社会的大毛病。如自己都化不了，还想化民成俗？首先，要变化自己的器质。

瑚琏与夜壶，都是器，但用不同。大器能容，但最高是"不器"，"君子不器"（《论语·为政》），无所不容。

治人，"以人治人，改而止"，下"尽人之性"的功夫治人，改其敝就够，何等宽大！如此做事，岂不是绰绰有余？尽性，把性的本能完全发挥出来，能用性的大能处理一切事情。

想客观，要用什么方式影响时代、政府？从中国历史上去想。中国学问是实际解决问题的学问，是实学，知而能行，是行不是讲。

儒教，是教化、教育，并不是宗教，儒是人需，人人皆需，要"饮食宴乐"（《易经·需卦》）。孔子志在《春秋》，那《春秋》之志是什么？拨乱反正（《史记·太史公自序》称"拨乱世，反之正，莫近于《春秋》"）。拨乱反正，是在行，不在讲。

写"公羊学"论文，居然搞"台独"！讲"公羊学"，就不能有"独"的观念，因为《春秋》在达"天下一家"。《春秋》之志的政术，拨乱反正，复正，止于一，止于至善，所以终极目的是天下一家。既是大同，必得泯际界。

《学庸》并不是讲《春秋》之志，但是用事用得上。读完书，如不知书是什么，连自己都化不了，焉能化民成俗？只念文字，不能发挥作用。

每天都有变化，代表人的智慧，我每天都有感觉。我现在讲什么都不悲哀，因为中国绝不会再是亡国的时代。有些人不学无术，尽耍嘴皮，只要达己之私利，则无不为矣！我最恨助人为恶者，故要鸣鼓攻过。

素定，是经过深思熟虑，并不是白得的。熟能生巧，必得下功夫。坐着想，何以我这么说？走路也得想，慢慢读，会背一段可以想一段。

每天做任何一事必要有效，看不惯人家，必得懂怎么对付他，因为要治病。

第二十四章

至诚之道，可以前知（事先了解）。国家将兴，必有祯祥；国家将亡，必有妖孽（凶兆）；见（现）乎蓍（shī）龟（用蓍茎占卜），动乎四体（于行动上表现出）。

此讲盛衰兴亡之理，自环境体验之。

"至诚之道，可以前知"："至诚"，没有比这再诚的，"至"，至高无上；"可以前知"，社会事有一定步骤可循，以此可以前知、预言，都有征兆可循，并非迷信。像地震将临之际，老鼠、蛇先知，有所动作。

人若专一，就能前知，专一，不分心。见形形色色就分心，不能专一。遇事要留心，察事要细心。怪时代，人的行动有异样，一举一动都怪异。

"国家将兴"，社会上必无失常之事，尽祯祥之事；"国家将亡"，必有许多凶兆，尽灾异之事。

"龟"，卜；"蓍"，现非用蓍草，但仍用蓍的方法。卜，很神圣，如台湾的跳大神，有仪式，很庄重。"见乎蓍龟，动乎四体"，用以决疑，于行动上表现出。

"国之将兴，求之于人"，拼命找天下贤才之士而用之。"国家将亡，求之于神"，就到处修教堂、修庙，念阿门、阿弥陀佛。

祸福将至，善，必先知之（知其所以）；不善，必先知之。故至诚如神。

要知其所以，先天下之忧而忧，如中医之"望闻问切，辨证施治"。

"至诚"，太不容易。诚，就不容易！许多事没法说，隐。"神"，"妙万物而为言者也"，如神来之笔，"圣而不可知之"（《孟子·尽心下》），半点儿迷信也没。宗教家、理学家，如曾文正公知己之死期将至。广钦老和尚圆寂表现最好，视死如归。

每次亡天下，都天下大乱。台湾地区宗教之多，纯粹一群妖孽！外丹功、香功、元极舞……但都一阵子，就过去了！

学什么都有用，就看用在哪儿。我守一不二，就看不起汉奸。民族性永远存在，不能因为没有政治智慧，而把自己变成化外之民。

自古都不重视酒肉朋友。今人你为他生子，都还谈离婚。现在"孝"与"慈"都没了，还讲"义"？中国学问是实际的，在解决问题。用什么方式影响时代？怎么发挥作用？

《学庸》虽非讲《春秋》之志，但这两部小书，于我们做事有莫大关系，做事用得上。今天想要发挥作用，必得以"至诚"为贵！"真"的问题，必要用真的道解决。

第二十五章

诚者自成也，而道（法则）自道（导）也。诚者，物之终始；不诚，无物。

"诚者"，天之道，物生生之原动力，终而复始，才能生生不息；"自成"，自己成就自己，没人帮上忙，注意"自"字，自明、自讼、自得、自在。

"道"，法则，率性；"自道"，自导，皆自得也。"观自在"，"自"如不在，还有什么办法？皆不假外求，面对实际，察就"自在"。

"诚者，物之终始"，物跟着天，终而又始，生生不息。"大明终始"，"诚者，物之终始"，大诚终始。明德，即终始之德，终而又始之德，生生不息之德。

"不诚，无物"：不诚，就没有终始之道，不能周而复始，就不能生生不息了，怎会有物？

是故，君子诚之为贵。诚者，非自成己而已也，所以成物也。成己，仁也；成物，知（智）也。性之德也，合外内之道也，故时措（置）之宜也。

此段讲太平世的理想。

"诚者，天之道；诚之者，人之道"，人法天，是故"君子诚之为贵"，成己成物。

"诚者，非自成己而已也，所以成物也"，诚者，天之道，乃成天下之事事物物。"成己，仁也"，求仁得仁，"君子体仁，足以长人"，仁者爱人，仁者无不爱，"力行近乎仁"；"成物，知也"，"好学近乎智"。"致知在格物"（《大学》），发明家绝对是智者，智周万物，能"尽物之性"，"成物"。

"性之德也"，培智是初步功夫，进而培元，"大哉乾元，万物资始；至哉坤元，万物资生"，始生之元。"天命之谓性"，性之德，"合内外之道"，内为己，外为物。己立而立人，己达而达人，成己，仁；成物，智：必仁且智。

必仁且智，"莫近于仁，莫急于智"（《春秋繁露·必仁且智》）。仁与智，是性之德、性智、本然之善德，均非自外买来的。用性智，不是情智，一有私心即是情智。遇事要用性智，同体大悲。

"通天人，合内外"："通天人"，人与天地参，天人合一。

《易》讲时、位，"六位时成，时乘六龙"，六位，六时；六龙，六变。每卦有上下卦：下卦是内卦，上卦是外卦，是体、用，"合内外"，由内卦而外卦。"合内外"，内圣、外王合而为一，由内及外。

《易经》每卦都讲怎么用事。"合内外之道"，为"时中"之用，"君子而时中"，故"时措之宜"，无论什么时候，皆恰到好处，"随时之义大矣哉"（《易经·随卦》）！故《大易》与《中庸》相表里。

熊十力的《乾坤衍》为衍《易》之书，其实更早的《中庸》即为衍《易》之书，其赞孔子之道曰"合内外"，得于内，形于外。"时措之宜"，恰到好处，"从心所欲不逾矩"。

儒家之道，即内圣外王之道，一以贯之。外王，是德现于外。《易》"首出庶物，万国咸宁"，要达"见群龙无首，吉"，《春秋》则"拨乱反正"，要达"天下一家"的外王理想。

第二十六章

故至诚无息，不息则久，久（恒）则征（征验），征则悠远，悠远则博厚（象地，无不载），博厚则高明（象天，无不覆）。博厚，所以载物（地无私载）也；高明，所以覆物（天无私覆）也；悠久（时间），所以成物也。博厚配地，高明配天，悠久无疆（永无息）。如此者，不见（同"现"）而章（自章明），不动而变，无为而成（顺自然）。

至诚，天之道：高明、悠久、无疆。

"无息"与"不息"之别："无息"，是体，本能没有息，如"天行健"；"不息"，指用，"自强不息"，自己勉强自己不息，人自勉不息。人法天之无息，自勉不息，则可久。如此解，马上生出力量。

"至诚无息"，"诚者，天之道"，天行健，本能没有息；"不息则久"，"诚之者，人之道"，人法天之行健，"君子以自强不息"。

"不息则久"，不息，就能持久。"有亲则可久，有功则可大。可久则贤人之德，可大则贤人之业"，"举而措之天下之民谓之事业"（《易经·系辞上传》）。"久则征，征则悠远"，始终如一，久也，恒的功夫。久则征验，征验则久远，日久见芬芳，留于青史，立德、立功、立言，三不朽，与天地同寿。

"悠远则博厚"，"则"字双关词，法也，顺也；博厚，象地，"无不覆载"。"博厚则高明"，地法天，坤"顺承天"（《易经·坤卦》）；"高明"，象天，"刚健笃实辉光，日新其德"（《易经·大畜卦》），日日新，又日新。

"博厚，所以载物也"，"坤厚载物，德合无疆"（《易经·坤卦》），厚德载物，完全合乎天之道；"高明，所以覆物也"，天覆物无私，无私就是公，"公则说（悦）"（《论语·尧曰》）。"悠久，所以成物也"，悠久，指时间而言，时间长久，故能"成物"。

"博厚配地，高明配天"，"博厚"，"地无私载"，"厚德载物"；"高明"，"天无私覆"，"日月无私照"（《礼记·孔子闲居》）。"广大配天地"（《易经·系辞上传》），天覆地载，无边无际，没有际界。"悠久无疆"，"悠久"，长久，天长地久；"无疆"，无穷无尽，"行地无疆"（《易经·坤卦》）。

如此者，"不见而章"，无为，顺自然，"含章可贞"（《易经·坤卦》），"不成章，不达"（《孟子·尽心上》），自然章明，顺自然而成功。

"夫子之文章，可得而闻也"（《论语·公冶长》），文章华国（《唐会要》云"文章华国，诗礼传家"），"大块假我以文章"，文章是指什么？

人法天，"大人者，与天地合其德，与日月合其明，与四时合其序，与鬼神合其吉凶"（《易经·乾卦·文言》），天人合一。

"不动而变"，"天何言哉？四时行焉，百物生焉"（《论语·阳货》），"天不言，以行与事示之"（《孟子·万章上》），"默而成之，不言而信，存乎德行"，"无思也，无为也，寂然不动，感而遂通天下之故"（《易经·系辞上传》），完全顺自然，故能通天下之志，成天下之务。

"无为而成"，如自然之运，顺自然，法天、法自然，是"无为而成"。有为而成，是假的，伪装的，"人之为道而远人"。

天地之道，可一言而尽（完全表露出）也：其为物不贰（纯粹、精一），则其生物不测（不可测度）。天地之道：博也，厚也，高也，明也，悠也，久也。

"可一言而尽"，即"一"与"诚"，"诚者，天之道"可以表露无遗。古人想得多简单，多真实彻底！看看中国人的智慧是多么实际！

"为物"，物，包含人、事、物，造物；"不贰"，"诚者，天之道"，即一，纯一，"惟精惟一"。要下精一的功夫。

"生物"，"妙万物"；"不测"，乃人力所不能测度。"生物不测"，即神妙的境界。诚，有物；不诚，无物。

天文，"为物不贰"，故"生物不测"，就是神，妙万物；人文，自强不息、"以文会友，以友辅仁"（《论语·颜渊》）。发心，好好努力，十年成就不得了。

天地之道，博厚、高明、悠久。了解天地的智慧了，也能够活用自己的智慧。尽物之性包含太多，能尽物之性，才懂得怎么回报，因为人能"与天地参"，平视，齐。

何以什么时候都能稳如泰山？有人的劲来自"剑道"，我亦然，但正不正有别。"武士道"，每样皆视死如归。"忍者术"，对付人都用绝招。

他们对付某人如净用绝招，那某人要如何对付？不答。狗咬你，要若无其事地往前走，此"尽物之性"也。每天犬吠、口水战，你就是不答，他就没劲了！此自尽物之性来的，犬吠之经验。狗咬丑的，人敬有钱的。既是犬吠，那就不理，早有准备；不然，就开个玩笑，恭迎一切，挂个旗子。

自狗吠，悟出某集团之吠。不听狗吠，但得有应世之术。

天津"狗不理包子铺"，包子所以出名，就小伙计"狗子"专心做包子，始终不发一言。

我教你们许多高招，其实自己可不管了。你们要应世，如不是修净土宗的，那事情完了就报复，让他起不来。我上午修净土，下午则修拨乱反正。绝不找个管自己的，可以多活几年！不听，但得有应世之智。

读书必须深入，能够认真、至诚了，就与别人不同。

我天天看《大易》与《春秋》。为了录音，我最近预备功课，极细心。"以夏学奥质，寻拯世真文"，如果不找出真的，那岂不是鱼目混珠了？

为民谋福利，要知道怎么做，要怎么影响社会。道化，是化育的团体，要以道导天下。道，自导；化，化育。至诚能化。不希望有战争，必须有办法化掉战争。

证严的方式是满街撒芝麻，效果微小。我们要从自己周遭认识的人做起。平日就要留心，要做。不是多少，是真力量。中山先生革命之初，就"四大寇"而已。

但是做也必得有智慧、有方法。群力、群策，要借着群的力量。一步一步来，要试探着做。

今夫（fú，用于句中，舒缓语气）天，斯昭昭（一个个小亮光）之多（应重视此），及其无穷也，日月星辰系焉，万物覆焉。

应重视此：自然是一点一点生成的，其本即元，"大哉乾元，万物资始，乃统天"，天亦由元所统。天覆万物，日月星辰系乎天，"悬象著明莫大乎日月"（《易经·系辞上传》）。

今夫地，一撮（cuō）土之多，及其广厚，载华岳而不重，振河海而不泄（泄漏），万物载焉（地无私载）。

袁枚《与人书》谓："《论》《孟》言山皆举泰山，以其在邹鲁也。《中庸》独曰'载华岳而不重'，子思足迹未尝入秦，疑此是西京人语。"《中庸》虽出自子思，但《礼记》成于汉儒，故《中庸》文中多汉儒语，且全篇文体并不一致，殆非一人一时所撰。

华山，五岳之西岳，位于陕西省渭南华阴市南，处秦、晋、豫黄河三角洲交汇处，南接秦岭，北瞰黄河，扼西北进出中原之门户。

孔子"登泰山"，子思是山东人。此段应为汉儒所写。

地厚载物，地载华山，亦不觉其重；洒着江海，亦不泄漏。重视"一撮土之多"，终能载万物。

今夫山（仁者乐山），一卷（拳）石之多，及其广大，草木生之，禽兽居之，宝藏兴焉。

自"一拳石之多"，认识"草木、禽兽、宝藏"等山产。那时即知山产之盛，动植物、矿产为丰富之宝藏。

今夫水（智者乐水），一勺之多，及其不测（深不可测），鼋（yuán）鼍（tuó）、鲛龙、鱼鳖生焉，货财殖（滋生）焉。

自"一勺水之多"，也知水产丰富。海中宝物，可以繁殖资货财利。

《中庸》"传"的文章，虽是汉朝的产物，但是思想仍是有所传承的。

重视"昭昭之多""一撮土之多""一卷石之多""一勺水之多"，能识微、察微，是何等缜密的思想！

"道虽迩，不行不至；事虽小，不为不成"（《荀子·修身》），积沙可以成塔，"积小以高大"（《易经·升卦》）。不怕小，就怕不日积月累。积学，即一天一点，日积月累，日久就能成为大学人，不要轻视"积"的功夫。

中国人的智慧要自深处了悟，一切皆自"小"来。"小"的观念特别重要，"勿以善小而不为，勿以恶小而为之"，多么勉励人！自最细微处开始学，要识微，知几，"几者，动之微也，事之见也"（《春秋公羊传·昭公三十一年》何休注），《春秋》"贵微重始"（《春秋繁露·二端》）。

中国文化精神之所在，在于懂得识微，能够用小。一个能够识微、用小的民族，绝对是智慧高的民族，将历史整理得清楚、整齐。

现在重视海域，海中的东西无限，但必得环保。台北到新店，昔日沿瑠公圳而行，可见游鱼可数，今天到处充满毒物，劫后余生的鱼岂不是充满了毒？台湾地区癌症高是一定的，病从口入，台湾人服毒太多了。能够相信商人？百姓之悲哀！要自求多福，应自己种菜。

《诗》（《周颂·维天之命》）云："维（发语词）天之命，於（wū）穆（深远貌）不已（止）。"盖曰天之所以为天也。

"天之命，於穆不已"，"大亨以正，天之命也"（《易经·无妄卦》），"天地之道，恒久而不已也"（《易经·恒卦》），天之所以为天，乃深远不息，《易经·乾卦》曰"天行健"，行健不息。

"於乎（呜呼）不（同'丕'，大也）显，文王之德之纯（纯一不杂，不贰）。"盖曰文王之所以为文也，纯亦不已。

"唯天为大"，配天。"文"，经纬天地。什么叫"经纬天地"？要怎么做？"文王"，是文德之王，"法其生，不法其死"，是活文王，不是周朝文王，谁有文德谁就是文王，人人皆可以为文王，"文王既没，文不在兹乎"，有"文没在兹"的精神。

"文王之德之纯"，"纯亦不已"：纯，天之道，无息；不已，人之道，不止、不息。"诚者，天之道"，其"为物不贰、生物不测"；"诚之者，人之道"，法天行健，自强不息。

"远人不服，则修文德以来之。既来之，则安之"（《论语·季氏》），"行有余力，则以学文"（《论语·学而》），学经纬天地之道，即政术，尧则天有成，为"文祖"，政治家的祖师爷。做事业如果三心二意，就不是"文"了，必须要脚踏实地。我主张任何学问都不是落空的。

诚道，是按诚的道理行的人，"君子以自强不息"，"大哉乾乎，刚健中正，纯粹精也"（《易经·乾卦·文言》），纯，惟精惟一，纯粹不杂。不已，不止，不息。纯不止，一不止，诚不止，恒也，行健不息。

读书，要点抓住了，一看，都是白话。

我有时琢磨了一夜，因为没有人打搅，可以静静地想。

你们有没有一句一句读？读不通时，有没有停下来想一想？

第二十七章

大哉！圣人之道，洋洋乎！发育万物，峻（高大）极于天！

"洋洋乎"，伟大无边貌！

"发育万物"，生养万物。"发""育"，两个行动。

"发"，矢也，引申为作起，"生"的第一个机，发生了，发芽！

"育"，《说文》云："养子使作善也。"古"育"字，多美！上头即倒转的"子"，小孩生下来头朝下。"月"，肉，是妈妈的作为。懂得"育"字了，那就会懂得"孝"。

"峻极于天"，与天参矣，天生物，人能役物，德与天齐，"君子上达"（《论语·宪问》），上达天德，"与天地合其德"。

优优大哉！礼仪三百，威仪三千，待其人而后行。故曰："苟不至德，至道不凝（凝结，成就）焉。"

"优优大哉"，丰多美盛貌！

"礼仪"，礼之纲；"威仪"，礼之细节。"三百""三千"，形容其条数之多。

《礼记·礼器》曰："礼也者，犹体也。体不备，君子谓之不成人。设之不当，犹不备也。礼有大有小，有显有微。大者不可损，小者不可益，显者不可掩，微者不可大也。故《经礼》三百，《曲礼》三千，其致一也。未有入室而不由户者。"

"待其人而后行"，此给我们很大的盼望，谁有志、有德，谁去做。为政在人，成事亦在人。做事易，任人难，成事在人。许多事都被人败坏了！古圣先贤留下的智慧宝藏，就待贤子孙行其智慧，昏子孙就只是糟蹋祖产。

"苟不至德，至道不凝焉"，凝，凝结形成，"至道"是从"至德"来的，"甘受和，白受采"（《礼记·礼器》），能完全行至道者，必是至德者。行一分道，人对你有一分认识。

"苟非其人，道不虚行"（《易经·系辞下传》），"苟无忠信之人，则礼不虚道，是以得其人之为贵也"（《礼记·礼器》），没有至德的人能够成就至道？马虎、不负责任，是缺德鬼。贵乎能行，不是讲。

道必得其人而行，非每人皆能成事。人要是大本没立，就是读多少书也没有用！有内圣的功夫了，才能成就外王之业。当官，不过是"赵孟贵之，赵孟贱之"，一时门庭若市，一时门可罗雀，如逢历史不幸，就骂名千载。有大修养者才会用善知识。

故君子尊德性而道（由）问学，致广大而尽精微，极高明而道中庸。

"尊德性而道问学"，"和顺于道德而理于义，穷理尽性以至于命"，讲学问。

"致广大而尽精微"，由博返约，"博学于文，约之以礼"（《论语·雍也》）。"致广大"，无不立；"尽精微"，无失之。

"极高明而道中庸"，高明之极境，是自庸言庸行开始的，"庸德之行，庸言之谨"，就在日常生活中实践，人人皆能行，能知能行。

性学交修，博文约礼，由博反约，相反相成。

温故而知新，敦厚以崇礼。是故居上不骄，为下不倍（悖）。

"温故而知新"（《论语·为政》），温故又能知新，"日知其所亡，月无忘其所能"（《论语·子张》）。有所因，但又不失己之新，因为新是自旧来的，"因不失其亲"（《论语·学而》）。

《春秋》称"新周故宋，以《春秋》当新王"（《春秋公羊传》

何休注），此"存三统"，讲相因之道，损益而生新，因而不失其新，有传统又有创新，是有本的创新。

"敦厚以崇礼"，"知崇礼卑，崇效天，卑法地"（《易经·系辞上传》），积智谦卑，法天之"行健不息"，则地之"厚德载物"。

"居上不骄，为下不倍"，居上能不骄，为下能不乱，"本立而后道生"。

国有道，其言足以兴；国无道，其默足以容。《诗》（《大雅·烝民》）曰："既明且哲，以保其身。"其此之谓与？

"国无道，其默足以容"，这是秦汉思想统一后，钦定的思想。钦定的能说真话？监（国子监）本还有错字？

所引"既明且哲，以保其身"，绝对是秦汉以后思想，汉儒所加的话。此非孔子之志，夫子是要革命的。这与《论语》"吾岂匏瓜也哉？焉能系而不食"（《论语·阳货》）、"是知其不可而为之者与"（《论语·宪问》）、"天下有道，丘不与易也"（《论语·微子》）的思想都不合。

孔子女婿是政治犯，孔子说公冶长"可妻也。虽在缧绁之中，非其罪也。以其子妻之"（《论语·公冶长》）。孔子选有志节之士做女婿，而今孔家败落至什么程度？

我真不信有鬼。人死后，何以没有找仇人报仇？要用脑想，是思想。母亲的至爱莫过于儿子，但至今我额娘仍未托梦。距离做鬼日近，还怕鬼？我所说的都是真话。

第二十八章

子曰："愚而好自用，贱而好自专（跋扈）。"

"愚而好自用"，不自明，犹自以为是天下最聪明者。愈是愚者愈自以为是高人一等，遇事愈不和别人商量，都自以为是"生而知之者"，其实自己学，一点儿根基都没有。

"贱者好自专"，"贱"，出身低贱，"好自专"，从小无权者，愈是跋扈、专断自为。好把权者，多半出身微贱，一旦得权就不放。

必自根上了悟一问题，不自表面看。有时总以为自己说得对，要时时提醒自己"愚者好自用"，说话就能客观一点。到了自用、自专，必成孤家寡人，"贵而无位，高而无民，贤人在下位而无辅，是以动而有悔也"（《易经·乾卦·文言》）。

"生乎今之世，反（返）古之道；如此者，灾及其身者也。"

"生乎今之世，反古之道；如此者，灾及其身者也"，此有二解：一、古注：生在今天，违反了古之道，即尧舜公天下之道；二、生在今天，要回到古之道，违时，"古今异宜，日新其道"。

时，有四时：先时、治时、因时、违时。孔子"学而时习之"，为"圣之时者"。要圣时、权权，不可守得一成不变，成为今之古人。

孔子树立两个图腾：尧、舜。尧传舜，公天下，《尚书》首《帝典》。历代歌颂"尧天舜日"，要"致君尧舜"。孟子"道性善，言必称尧舜"，其实皆泛论。荀子的成就高，但尽谈实际问题，当政者不喜，谈得太切时弊了，如"公羊学"不受当政者所喜。

专制时代的显学，都是值得当政者利用的，为奴的能有思想？庆升平了，水落石出，要做中流砥柱，有力量能撑住时代？

非天子，不议礼，不制度，不考文。

"天子"：一、天民，见《孟子·万章下》"予，天民之先觉者也"；二、指孔子，孔子为素王，有王之德，无王之位。

"礼、制度"，礼、乐皆在内，"立于礼，成于乐"（《论语·泰伯》)故曰德行，"制数度，议德行"（《易经·节卦》）。"议礼"，"功成作乐，治定制礼"。礼者，天理之节文，"大礼与天地同节"（《礼记·乐记》），"因人之情而为之节文"（《礼记·坊记》）。礼者，理也，体，"礼者，天地之序也""序故群物皆别"（《礼记·乐记》）；礼者，履也，"礼以节行"，同中求异，"礼之用，和为贵"。

"礼，时为大"（《礼记·礼器》），"可以义起也"（《礼记·礼运》），随时制宜，制度随时而变，文字亦然，《易》赞"随时之义大矣哉！"

孔子作《春秋》，立新王之制。"王者，往也"，天下所归往。王，指德言，治民以德，"为政以德"。"齐之以礼"，是用礼来齐民，为王者之化。此制度乃是天下所归往的，德化之制。

孔子"志在《春秋》"，即是要"拨乱反正"。拨者，除也；乱，乱制，即世及制。世及，父死传子曰世，兄死传弟曰及，即家天下之制，孔子以为是乱制，因人人皆想夺天下，人人皆想为君，为乱源所在。

《礼记》有"王制篇"，后儒将其不合当时制度的去掉，《孟子》提及"诸侯恶其害己也，而皆去其籍"，历代将不利其政权的书皆去掉，所以"王制"名存实亡。《荀子》中亦有"王制篇"，可见儒家重王制，惜亦变其质。

"考文"：一、改订文字；二、确立是非、善恶的标准。

今天下车同轨，书同文，行同伦。

此乃记全国统一之盛事。许慎《说文解字·序》说："文字异形，秦始皇帝初兼天下，丞相李斯乃奏同之。"此中国"书同文"，自秦始皇开始。《史记·秦始皇本纪》曰："一法度、衡石、丈尺，车同轨，书同文字。"《琅琊刻石》亦曰："器械一量，同书文字。"又曰："将维皇帝，匡饬异俗。"子思为战国人，应无由作此记述，此疑出自汉儒之手，记述秦始皇统一天下后之作为。

"车同轨"，所有马车的两车轮间距都相等。

"书同文"，中国最高明之处，言语不同，但写字都能明白。

"行同伦"，伦理道德同。

中国"车同轨，书同文，行同伦"，自秦始皇开始，影响深远。"蜀山兀，阿房出"，一篇《阿房宫赋》；"六王毕，四海一"六字，道出了秦始皇之功劳，统一天下，华夏衣冠上国。

我坚决反对以汉化化少数民族。但满族是自己汉化得太彻底了，如纳兰性德（1655—1685）乃明珠（1635—1708）之子，有《纳兰词》。

纳兰性德，清初著名大词人，善骑射，好读书，经史百家无所不窥，能诗善赋，尤工词，虽长于钟鸣鼎食之家，且"密迩天子左右，人以为贵近臣无如容若者"，然其词境凄清哀婉，多幽怨之情。著有《侧帽词》《饮水词》，后人增补，合并为《纳兰词》。

谁说什么我不听，真的就是真的，假的就是假的。

在什么时候都有忠、奸。是奸，我都不理，不与之打交道，就是骂我也不理。作奸的有缝就钻，而无不为矣。作奸，自己能不自惭？净做人腿子，哪个又排上班了？

遇事，绝对要造次、颠沛、患难必于是。大丈夫"居天下之广居，立天下之正位，行天下之大道。得志，与民由之；不得志，独行其道。富贵不能淫，贫贱不能移，威武不能屈"（《孟子·滕文公下》），如每个人都能"独行其道"，人人皆有士君子之行，人人皆可以为尧舜，那天下不就"见群龙无首，吉"了？

"元亨利贞"，"贞者，事之干也"（《易经·乾卦·文言》），"利永贞"（《易经·坤卦》），人要不贞，焉能做事？不是难讲，而是难行。法自然，知天。必知道怎么用智慧。

创业要谋梁子，不可以到处结梁子、树敌。当令必清君侧，非我同类都得除掉，卧榻之侧岂容他人鼾睡？还尽学为奴？

"苟有形质，犹可即而求之"（《人物志·九征》），只要有了形质，就可根据其形质了解对方。"形乃谓之器"（《易经·系辞上传》），一旦成形，人就根据你的形状为你命名，如黑道，狐群狗党无所不用其极发财。真是正人君子，人家一看就知。

团体绝对要清清白白，不要有任何污点。必要培养器质，要有清白的人格，不要有任何污物才能做事。一旦染上颜色，叫别人利用完，价值都没了。有了颜色，就有是非、好坏。

要学怎么用智慧，人有智而无勇也不能成事，胆、量、识，缺一不可。

虽有其位，苟无其德，不敢作礼乐焉；虽有其德，苟无其位，亦不敢作礼乐焉。

此伏笔，"伏"，其辞隐伏，为后面作暗示。此乃批评孔子制礼作乐，要改制。

孔子作《春秋》，志在《春秋》，另立新王之制，孔子为"素王"，有王之德，无王之位。但也证明孔子要改制，改天下以天下为私的乱制，回到"大道之行也，天下为公"的王制。故孔子有"知我、罪我者，其惟《春秋》乎"之叹！

《孟子·滕文公下》曰："《春秋》，天子之事也。是故孔子曰：'知我者，其惟《春秋》乎！罪我者，其惟《春秋》乎！'"

伏笔配真话，孔子删《诗》《书》，订《礼》《乐》，赞《周易》，作《春秋》，确有新王之法。《春秋》为礼义之大宗，立新王之法。

《史记·太史公自序》曰："《春秋》者，礼义之大宗也。夫礼禁未然之前，法施已然之后；法之所为用者易见，而礼之所为禁者难知。"

孔子有王之德，"有德者必有言"，立德、立言。

"制礼作乐"，"功成作乐，治定制礼"，"立于礼，成于乐"，功成作乐，此"乐"含"舞"，但必是有德有位者，才能制礼作乐。

羽翼朝廷，不过做点缀品！要重视自己的能，一美就可以遮百丑。出身高，无业游民还装得很像样，哪个人见我不望而生畏、语无伦次？背后骂我，其实是怕我。不是权势，而是人格。

人想有成就，必得像个人样，绝对不可以缺德。

千万不要染上颜色。做大事业以造就接班人为第一要义。才德兼备，无才不能为文；缺德，不能领导人。好自为之，三年有成。

权势随势走，力量不可以建立在权势上，要建立在团体上。开始路子怎么走太重要。

子曰："吾说（悦）夏礼，杞不足征也；吾学殷礼，有宋（殷后）存焉；吾学周礼，今用之，吾从周（圣之时者）。"

"夏礼，吾能言之，杞不足征也；殷礼，吾能言之，宋不足征也。文献不足故也，足则吾能征之矣。"（《论语·八佾》）

孔子立春秋一朝，存三统。"新周，故宋，以《春秋》当新王"，黜夏，此"存三统"。夏亡国，封在杞；殷亡国，封在宋。孔子为宋人。

存三统，夏、商、周，三统，"忠、质、文"循环用，有参考、有因承，斟酌施之，而后少过。

《春秋公羊传·隐公元年》"元年，春，王正月"，《春秋公羊传注疏》徐彦云："是故三统三王，若循连环，周则又始，穷则反本是也。"

"殷因于夏礼，所损益可知也；周因于殷礼，所损益可知也；其或继周者，虽百世可知也。"（《论语·为政》）损益之道，损益以合于时，与时偕行。随时制法，因事制礼。法令、制度，各适其宜；衣服、器械，各便其用。

《春秋公羊传·隐公元年》云"大一统"，何休注："统者，始也，总系之辞。"大一统，大一始也。《春秋》首书"元年，春，王正月"，所以重始也，"大哉乾元，万物资始"，"元者，始也，言本正也"（《春秋繁露·王道》）。

"吾学周礼，今用之，吾从周"，这是《论语》孔子"从周"时期之语，《论语·八佾》曰："郁郁乎文哉！吾从周。"土包子时期。

第二十九章

王（wàng）天下有三重焉，其寡（少）过矣乎？

"三重"：一、重，音 zhòng，郑玄注，以为即"三王之礼"，夏、商、周。二、朱子引吕氏言，说即议礼、制度、考文。三、重，音 chóng，康有为《中庸注》以之为"三重"。"三重者，三世之统也，有拨乱世，有升平世，有太平世""每世中又有三世焉，则据乱亦有乱世之升平、太平焉"，以三三为九，"每小三世中又有三世焉，于大三世中又有三世焉，故三世而三重之为九世"。

但是到了太平世，"夷狄进至于爵，天下远近小大若一"（《春秋公羊传何氏解诂》）了，所以康有为此说亦成问题。

"三重"，张三世，据乱世、升平世、太平世。三世，为进化之法，随世运而进化。立新王之法，变通以去其弊，"穷则变，变则通，通则久"（《易经·系辞下传》）。

从小康到大同，并非一蹴而就，以渐而进，所以《春秋》有三世。拨乱之三部曲：贬天子、退诸侯、讨大夫。先讨大夫之世于乱世，"讥世卿，世卿非礼也"（《春秋公羊传·隐公三年》）；退诸侯于升平世；贬天子于太平世。"首出庶物，万国咸宁"，即进入升平世，尧舜为大同，同而异。进至太平世，夷狄进至于爵，远近大小若一，就成为"华夏"，人人皆有士君子之行，人人皆可以为尧舜，《易》"天德不可为首""见群龙无首"，为终极目的。

自据乱世开始拨乱，三世必复，九（久也）世亦必复，复于尧舜公天下之制。"皆防患，为民除患之意也"（《春秋繁露·俞序》），防未然，禁于未发，"夫览求微细于无端之处，诚知小之将为大也，微之将为著也。吉凶未形，圣人所独立也"，乃"贵微重始，慎终推效"，思患而预防之。

上焉者，虽善无征，无征不信，不信民弗从；下焉者，虽善不尊，不尊不信，不信民弗从。

在上位的，"无征不信"，征，证也，征验，"征诸庶民"，实践是检验真理最好的方法，经过印证，做事有成效，得民众信任，"民无信不立"（《论语·颜渊》），不信不能成事。

在下位的，"不尊不信"，尊，尊奉，推崇；"尊而光"（《易经·谦卦》），大家相信，"不信民弗从"，不信就不从。孔子是素王，有王之德，无王之位，在世不得志，四处避壁。

"未信，则以为厉己也"（《论语·子张》)，信的力量，"易其心而后语，定其交而后求"（《易经·系辞下传》)，"天之所助者，顺也；人之所助者，信也"（《易经·系辞上传》)，天助自助，立信才能成事。

故君子之道，本诸﹝之于﹞身，征诸庶民，考诸三王而不缪﹝同"谬"﹞，建诸天地而不悖﹝违背﹞，质诸鬼神而无疑，百世以俟﹝等﹞圣人而不惑。

"君子之道，本诸身"，一部《大学》讲修齐治平，即"本诸身"，修身为本，"由近及远"无征不信。

"天下之本在国，国之本在家，家之本在身"（《孟子·离娄上》)，是内圣的功夫，身体力行，非自外求的。"近取诸身"，在天曰命，在人曰性，"天命之谓性，率性之谓道"，率性，合乎人性，谐乎人情，准乎人度，"道也者，不可须臾离也"。

"本诸身"，修身为本，不外求，还要"征诸庶民"，"危以动，则民不与也；惧以语，则民不应也；无交而求，则民不与也"（《易经·系辞下传》)。"天视自我民视，天听自我民听"（《尚书·泰誓中》)，自百姓的反映知施政之好坏。

"考诸三王而不谬"，以三王为正统，通三统，敬谨谦让，有所参考而能无误；"建诸天地而不悖"，则天法地，不违天地之道，好生无私。

"质诸鬼神而无疑",鬼神都不有疑于他,"与鬼神合其吉凶"。

"百世以俟圣人而不惑",等量百王,"先圣后圣,其揆（度,准则）一也"（《孟子·离娄下》）,通三统,因而不失其新,通天下之志,通志故不能惑,令人人可行,成就外王之业。

龚自珍《祀典杂议》云:"方今休隆时,正宜差等百王,考镜群籍,召万灵之祐,锡九流之福。"

"下极三王,以通百王之道,而随天之终始"（《春秋繁露·符瑞》）。通三统,有本有源,因而不失其新;与天地合其德,终而复始,生生不息。

三世之法、三统之道各异,但在救时,圣时、权权,以穷变通久。

质诸鬼神而无疑,知天也;百世以俟圣人而不惑,知人也。

"质诸鬼神而无疑","与鬼神合其吉凶"。"知天",不知天,没法正,正,王道也。《春秋》首书"元年,春,王正月",何休注"春者,天地开辟之端,养生之首""明受之于天,不受之于人""以元之气正天之端,以天之端正王之政"。

"百世以俟圣人而不惑",《春秋公羊传·哀公十四年》

《传》曰："末不亦乐乎尧舜之知君子也。制《春秋》之义，以俟后圣。"何注："乐其贯于百王而不灭，名与日月并行而不息。""知人"，"在人曰性"，"率性之谓道"，尽人之性，"道也者，不可须臾离也"，人同此心，心同此理。

"知天、知人"，"在天曰命"，"五十而知天命"，"不知命，无以为君子"（《论语·尧曰》）。"天命之谓性"，"在人曰性"，尽己之性。尽己之性，尽人之性，尽物之性，才能成其伟业。

"无疑、不惑"，"通天下之志，除天下之患"。知天知人、无疑不惑，才能通志除患，成其伟业。

是故君子动（一举一动）而世为天下道（遵循之道），行而世为天下法，言而世为天下则。

《诗·大雅·烝民》称："天生烝民，有物有则。"《易经·系辞上传》云："言天下之至赜而不可恶也"，看天下之形形色色，而不可讨厌。能尽己之性，而尽人之性，进而进物之性，使天下无废人、弃物。

"至诚而不动者，未之有也"（《孟子·离娄上》），"君子动而世为天下道"，圣人是立教者，乃本乎公理，体乎至仁，循乎定轨，通乎人情之不能逃、物理之所不能外者，尽性，故"行为世法，言为世则"。

远之则有望（盼望），近之则不厌。《诗》（《周颂·振鹭》）曰："在彼无恶（wù，厌恶），在此无射（讨厌）。庶几夙夜，

以永终誉（美名）。"君子未有不如此，而蚤（早）有誉于
天下者也。

"远之则有望"，远则给人很大的盼望。

"近之则不厌"，"不厌"：一、不讨厌，喜欢之；二、不
足，感已有所不足。

"远之""近之"，要修近悦远来的功夫，才能达"远
近大小若一"，大一统。"及远之明难"（《人物志·八观》
称"其明益盛者，所见及远，及远之明难"），自"近悦远来"
修起。

"在彼无恶"，没有人厌恶；"在此无射"，射，同"妒"，
讨厌。"庶几夙夜"，从早到晚奋斗不息；"永终誉"，保持
永久的美名。"君子未有不如此，而早有美誉于天下"。

自此看怎么做事，做事时都能用上。

第三十章

仲尼祖述尧舜，宪章文武；上律天时，下袭水土。

《史记·孔子世家》称："孔子生鲤，字伯鱼。伯鱼年
五十，先孔子死。伯鱼生伋，字子思，尝困于宋。子思作
《中庸》。"

郑玄说："名曰《中庸》者，以其记中和之为用也。庸，
用也。孔子之孙子思作之，以昭明圣祖之德。"

孔子之大德，其孙子子思（孔伋，前483年—前402年）
为其作传，只此十六字。今人写传记却洋洋大观，而不能尽。

此十六字，道尽孔子之德与智，乃孔子一生成就的本

源。圣人无常师，法天，法自然，以自然为师，自师己性，性生万法。

"祖述尧舜"，以尧、舜为祖宗，示有所本，有本有源；"宪章文武"，宪，法，作为参考，不否定文、武各代的成就，不忽略时代之事实。

《尚书·洪范》是商朝箕子呈给周武王的古之治国大法。以马一浮解释得最好（见《复性书院讲录》），要悟。

"上律天时"，律，法也，法自然，"律"字用得神，用得妙！孔子法天，也是学来的。上以天时为律，律则，天则，取之不尽，用之不竭。朝令夕改，非律；律，是用经验印证的，如潮水。汐止，潮水涨到那儿即止。古地名，有意思，纪念先民开拓之功，有其历史意义。

伏羲法自然，《大易》之道，"仰则观象于天，俯则观法于地、观鸟兽之文，与地之宜，近取诸身，远取诸物"，目的在通德类情，"以通神明之德，以类万物之情"（《易经·系辞下传》）。

"下袭水土"，用得通神。"袭"，取也，因袭，袭取。明地理，因水土之宜，土利在厚生，"安土，敦乎仁"，"《春秋》者，礼义之大宗也"，《春秋》之道，尊生，厚生。

郑玄曰："此以《春秋》之义说孔子之德。孔子曰：'吾志在《春秋》，行在《孝经》。'二经固足以明之。"

追述孔子何以要树立"尧、舜"两个图腾？《尚书》首"帝典"，二典为《尧典》《舜典》。自《论语》看孔子怎么谈尧、舜，就知其塑造"尧、舜"的深意。

中国人是炎黄子孙，何以孔子不祖述炎黄？孔子没有抛开人事，祖述尧舜，写书自此写。追孔子何以塑造尧舜，才知我何以要塑造"元"。

我们为什么要"奉元"？奉元，自"元"开始，要脱掉一切包袱，不立偶像。把人事抛开，因为有人事，就有是非、善恶、好恶、形色。

自天地之始、人道之始，目的在"肇始"。元，为万有之母，"元者，气也，无形以起，有形以分，造起天地，天地之始也"，"法其生，不法其死，与后王共之，人道之始"（《春秋公羊传·隐公元年》何休注）。

"天德不可为首"（《易经·乾卦》），不争首，天德好生，"王者继天奉元，养成万物"，必达"天德"了，才能"奉元"，从天德到奉元，率性就是"奉元行事"。

《春秋繁露·王道》曰："《春秋》何贵乎元而言之？元者，始也，言本正也。"止于元，境界高，另辟天地。自一张白纸，自己彩绘。染上颜色，就有是非、好坏。有颜色的抛在一边，否则私心之争太多了。白，无染，可以自己彩画，"绘事后素"（《论语·八佾》）。本质好太重要！读任何书，都不要受约束，当作肥料，用以灌溉种子——元，等待他日之收成。

《春秋》所谓"因其国以容天下"，要用我们的文化容所有的文化，先把架子拉好了，然后再去充实。做事亦皆根据思想，要贵精不贵多。

尽修破房子不行，熊十力的《乾坤衍》仍是修破房子。我要拿材料盖新房子。如撇去旧观念，拿孔子的东西做参考，绝对是进步的。

不曰"祖元"，能"奉元"？说"奉元"，更为客气！

辟（譬）如天地之无不持载，无不覆帱（chóu，覆盖）；辟如四时之错（交替运行）行（寒来暑往），如日月之代（更迭替代）明。

天覆地载，天无私覆，地无私载，宽裕覆载，大公无私。

覆、帱、帷、幔，都是遮掩，有何不同？覆，覆盖；帱，禅帐，不重；帷，在四周；幔，蔽在上。遮住、包围，如蒙古包，外面看不到里边。

"四时之错行"，四季更替，更迭运行；"日月代明"，日月交替，此起彼落。四时之行、日月之运，极赞孔子之道，无运不在。

三世，相承而相反；三统，通变而不穷。一世之中条理万千，乃成治法，如百川之纷流。若其大旨，无论治法之相反相悖，要以"仁民爱物"加厚而进化之。

万物并育而不相害，道并行而不相悖；小德川流，大德敦化。此天地之所以为大也。

"万物并育而不相害"，万物相生，自然界万物生生不息，神农尝百草为人治病。虽是毒草、毒物，以毒攻毒时，亦有其大用。

《论语·为政》："攻乎异端，斯害也已。"朱熹解："攻，专治也，故治木石金玉之工曰攻。异端，非圣人之道，而别为一端，如杨、墨是也。其率天下，至于无父无君，专治而欲精之，为害甚矣。"以《中庸》"道并行而不相悖"证之，应是不互相攻击不同的学说。

"大德敦化，小德川流"，川流终归大海，海纳百川，敦化了，容乃大。就怕自己不是大海水，不能纳百川。

"天地之所以为大"，乃无所不容，容乃大。天下一家，华夏，大同。

不必嫉妒别人，自己本身足够最为重要！嫉妒别人，既于人无损，于己又焉能有益？

第三十一章

　　唯天下至圣，为能聪明睿知，足以有临（主天下事）也；宽裕温柔，足以有容也；发强刚毅，足以有执（守）也；齐（同"斋"）庄中正，足以有敬（敬事）也；文理密察，足以有别（别是非）也。

　　"视曰明，听曰聪，思曰睿"，耳聪目明，睿智发于心思，"明作哲，聪作谋，睿作圣"（《尚书·洪范》）。聪明睿智，乃"知行合一"到了至境。要用"聪明睿知，神武而不杀"，而不用刀枪剑戟。学《孙子》"不战而屈人之兵"，全人全己。

　　"临"，临事，临天下，主天下事。能"聪明睿知"，方"足以有临"。临事的第一个警觉，"必也，临事而惧，好谋而成"（《论语·述而》），必要谨慎小心，遇事不可以有捡便宜的心理。临事作秀，骗人！

"食不饱，力不足，才美不外见"，人没有体力，就不足以有临。应严格训练自己，过精神生活，时常锻炼自己。

"宽"，《说文》云："屋宽大也。"舒适。"裕"，优裕，丰衣足食。"温柔"，温和柔顺。"有容"，不器，容乃大。有"宽裕温柔"，才有"足以有容"的功夫。

"发"，发前人所未发；"强"，君子之强；"刚"，无欲；"毅"，弘毅。"执"，持，守。"有执"，执事。有"发强刚毅"之德，才足以有守，有守足以有为。

"斋"，心斋；"庄"，庄重。"中"，喜怒哀乐之未发；"正"，止于一。"不庄以莅之，则民不敬"（《论语·卫灵公》），"君子不重则不威"（《论语·学而》），自尊自重，"望之俨然"。敬己，而后人敬之。"有敬"，方足以敬事。

"文"，典章制度，章法严密；"理"，文之所据，严密的组织与条理。"文理"，在立轨则，据以理事；"密察"，慎其微，思考缜密，周密详究。"有别"，分门别类，别是非、善恶、曲直，不受蒙蔽，使各安其位，各尽其才，一切皆有伦有序。

为政五德：聪明睿智、宽裕温柔、发强刚毅、斋庄中正、文理密察。此为理事之原则，应拳拳服膺。有高的修养，才足以有大作为。

溥博渊泉，而时出之。溥博如天，渊泉如渊。见（同

"现") 而民莫不敬（敬你的德），言而民莫不信，行而民莫不说（同"悦"）。

"溥"，普；"博"，广，是面；"渊"，深；"泉"，水源。"溥""博""渊"，就是由"泉"来的，有本有源。

《易经·蒙卦》曰："山下出泉。""原泉混混，不舍昼夜，盈科而后进，放乎四海，有本者如是。"（《孟子·离娄下》）

黄河发源，是由五个小泉眼开始的，虽小却变成大黄河，黄河九曲，东流入海。

根据最新发现，黄河源自卡日曲，海拔 4830 米。卡日曲河由五条涓涓细流汇成，始宽 10 米，沿途"不辞细流"而成其大，与约古宗列河会合，形成真正可称"黄河"的河道"玛曲"，东流 16 公里而入无数水泊构成的"星宿海"，东流而下不复回，归宗大海。

"时出之"，俟时而出之，水到渠成。"渊泉"，有深厚的实力，才能以时出之，应时而出，能知时，不失时。

"溥博如天，渊泉如渊"，如天之无私，如渊之深厚；"而时出之"，到时候了，取之不尽，用之不竭。不失时，智必识时，行若时雨，故"见而民莫不敬，言而民莫不信，行而民莫不悦"。

儒家之学，皆实学也，不讲空理。书呆子不能以时出之，往往过与不及，结果一无是处。

是以声名洋溢（广泛传播）乎中国，施（同"迤"，旁及）及蛮貊（mò，夷狄），舟车所至，人力所通，天之所覆，地之所载，日月所照，霜露所队（同"坠"），凡有血气（身体能量）者，莫不尊（尊之）亲（亲之），故曰配天。

秦始皇统一中国后，曾多次出巡，丞相李斯刻石颂德。《琅琊刻石》曰"日月所照，舟舆所载，皆终其命，莫不得意"，乃记天下一统的盛况。《中庸》此言，疑当在秦统一六国之后，应是出自汉儒之手。

"夏，中国之人也"，"天下一家，中国一人"，在天下这个大家庭中，中国是"天下"中的一员。

夏，"内其国而外诸夏"，初步；从夏到诸夏，"内诸夏而外夷狄"；从诸夏到华夏，"入中国，则中国之"，不管你是谁，达到"中"的境界了，就是中国人。"夷狄进至于爵，天下远近小大若一"，大一统，大有，大同。

此段即是"中国"。"入中国，则中国之"，所谓"中国"，是"天下一家"的观念，四海之内皆兄弟。"民胞物与，天下一家"。

中国，是一个道德的团体，也是人性的团体。"喜怒哀乐之未发，谓之中"，"天命之谓性"，人人皆有性，人人皆能率性，"率性之谓道"，按人性做事，则成人性之国，所以天下一家。

"民胞物与，天下一家"，这是中国人的伟大抱负，也是责任之所在。此意境是自《春秋》来的。《春秋》讲"大居正"，《孟子》所谓"居天下之广居"（《孟子·滕文公下》）。

"日月所照"，太阳底下都是我的，天的分就是我的分，"万物皆备于我"，所以每个人都有使用权，没有所有权，不可以越分、掠夺、独占。人皆有"天职"，即与生俱来的责任与事业。

圣人，则天之法，行天之道，德与天齐，"天之历数在尔躬"，人如一小宇宙。从天德到奉元，故能"配天"。美其名曰"配天"，天无私覆，地无私载；究其实则为"大同"，大处同，小处不必同。大同一统，元统奉元。

眼界宽了才懂得怎么做事，范围扩大。如何把中国思想归入正途，贡献多大！真有此思想，每天多精神！压根儿就没有产生"大盗式圣人"的环境。

孔子思想有三变。人的思想得有进步，晚年定论。但是受旧思想的传染太深了，要马上去掉可是不易，孔子弟子有传统派，忠君思想，子路、子贡亦如此，常用旧思想质疑老师。新说立得住很难，连弟子都不接受。程度不及，仍死在迷上，愚忠！

现在全世界，每五个人中就有一个中国人，要怎样组织训练以达到"华夏"？华夏即《春秋公羊传》所谓"著治太平"，此时"夷狄进至于爵，远近小大若一"，华夏思想绝对办得到。

《学庸》如好好琢磨，气势绝对不凡，足以奉元。虽无到大同世，但绝对是入德之门。

玩索，"玩味、曲求"这两步功夫太可怕了！要为己之所当为，不考虑其他。苟苟且且，于己既无补，于人能有益？不学，无术、无能，做事就像幼儿园。

必要改变人生来的惰性，要明白"自求多福"的道理，能为子孙谋。好好干，绝对来得及。不必要"迎头赶上"，欲速则不达，会出车祸。人要谨慎小心，遇事不要有捡便宜的心理。天天昏昏聩聩，知为什么而活？你们要用《学庸》充实自己，三年绝对可以改掉自己的惰性。

清末因对时代东西了解太少，而处于处处挨打的局面，致国人自信心沦丧。中国以前视科技为雕虫小技，不予重视，一旦重视了，本钱可是不少，有多少前人经千锤百炼的智慧，可使后来者居上。

中国东西必要往深处追求。只要有智慧，不管学什么，都能做学问。中国学问皆实用之学，因有真正的经验。

要懂得怎么用智慧，中国人头脑之致密，如织锦般细致，织工的头脑就是如此致密。"裁成天地之道，辅相万物之宜""智周万物，道济天下"，自根上做起，重造中华。中国人有头脑，有"聪明睿智"足以面对一切的变故。"通志除患，胜残去杀；智周道济，天下一家。"

师尊以此作为书院、学会宗旨之一。《易经·系辞上传》曰："知周乎万物，而道济天下"。《礼记·礼运》云："圣人耐以天下为一家，以中国为一人者。"

真是事修而谤兴，国强而毁来！宁可养子叫人骂，也不可以养子叫人吓。我不做一件坏事，骂我，证明你不在一个"格"。

绝不叫下一代有偶像观、再崇拜图腾，人必要有主宰才能站得住。邓小平提出"中国特色社会主义"，救了中国。以《学庸》建立自信心，也知道自己该做什么。开导老百姓，必说老百姓能懂的，才有作用。

第三十二章

唯天下至诚（体），为能经纶天下之大经，立天下之大本，知（赞）天地之化育。

至诚，至善，至圣，至的境界。"至诚"，则心如明镜，无物不照。

"经纶"，同"经纬"，治丝的两种工具。"经纶"在脑中，是无形的。有脑子，即是经之、纶之，"君子以经纶"（《易经·屯卦》）。

大要从小对付起，自小地方经纶起，一步步至"经纶天下之大经"。昔日县太爷必进士出身，自经纶一县，一步步到经纶天下。有了经纶之大才，就能"立天下之大本，赞天地之化育"，"与天地参矣"。

孔子"志在《春秋》，行在《孝经》"。《春秋》为继天

奉元之书，天下之大经；《孝经》为报本爱类之书，天下之大本。

汉时纬书《孝经钩命决》，亦言孔子曰："吾志在《春秋》，行在《孝经》。"以《春秋》属商，以《孝经》属参。

夫焉有所倚（依倚）？肫肫（zhūn，诚恳、真挚）其仁，渊渊（静穆貌）其渊，浩浩（广大貌）其天。苟不固（坚定，专一）聪明圣知达天德（好生）者，其孰（谁）能知之？

"夫焉有所倚"，自本身性能发挥，不必依倚外力，而到处外求。

"肫肫其仁"，真挚恳切，仁为"天之尊爵，人之安宅"（《孟子·公孙丑上》）。"渊渊其渊"，如水之渊深，源源不竭。"浩浩其天"，广博如天，无边无际。

"聪明圣知"，"视曰明，听曰聪，思曰睿""明作哲，聪作谋，睿作圣"。"达天德"，"天德不可为首"，不争首，天德好生，天道尚公；人德尊生，民胞物与。

"其孰知之"，"知我者，其天乎"（《论语·宪问》），所以"人不知而不愠"。一诚天下无难事，"至诚可以前知"。

应求自己本能上有所建树，社会就是需要而有用，不是靠人际关系。"赵孟能贵之，赵孟能贱之"，求人还不如求己，要将搞人际关系的时间猛学习，学到一个境界。净是求人，顶多一个顾问，有时顾了还不问。

"吃人嘴软，拿人手短"。庙上的东西不收钱不可用，我喝茶给五十元，吃饭给饭钱，不只一百元。

　　做事要实际，家中多少钱，外面有戥子，不必告诉人。使人知，人就估量。见贤思齐，人有美善要扬善，必要有此雅量。

　　我们要"道济"，不是"慈济"，给予种子、树苗，教他种地的技术，送种地的工具。供一饥，不供百饱。道济天下，先自亚洲做起，然后非洲。

　　自元开始，脱掉一切的包袱。自一张白纸，自己彩绘。必达天德了，才能奉元。

第三十三章

《诗》曰："衣（yì，穿）锦尚（加）䌹（jiǒng，单层罩衫）。"恶（讨厌）其文之著也。

"衣锦尚䌹"，《诗经·卫风·硕人》云："硕人其颀（qí，修长），衣锦褧（jiǒng）衣。"《诗经·郑风·丰》云："裳锦褧裳，衣锦褧衣。叔兮伯兮，驾予与归。"《古书疑义举例》"古人引书每有增减例"。

锦，是按方格图案做的，不同颜色织出的花纹。金陵（南京旧称）产锦，寸锦寸金。织锦（用染好颜色的彩色经纬线，经过提花、飞纱等织造工艺，织出图案的织物），是中国最高的织造技法。

绣，用彩色线在布帛上刺成花、鸟、图案等，人工的特别贵，如缂丝，其画面的构成，全赖纬线的变化；织出的图案，正反两面皆相同。构图之美，极为传神！

锦衣，代表身份。"绚"，单层棉布衣，雅，素色的。"衣锦尚绚"，锦衣上加罩袍，不喜文采完全显露在外，"故君子之道，暗然而日章"。

昔日无论什么地位，穿锦衣外面必加布罩衫，"恶其文之著也"，喻有德也不显露，无伐善。中国文化不尚作秀。

《中庸》讲"贵德贱货、衣锦尚绚"，将财货看轻了，方足以修德。《论语》则讲"文没在兹"的精神。知此，就有责任感。

故君子之道，暗然而日章；小人之道，的（dì，明白显然）然（众目所聚）而日亡（消失）。君子之道，淡而不厌（足），简而文（不失文），温而理，知远之近，知风（读为"凡"，通用字）之自（"目"），知微之显（著），可与（yù，许）入德矣。

"暗然"，"暗"，不明显，不表现过火。"日章"，"章"，音、十，"音"为音乐、"十"为数之终，合为音乐完成，《说文》云："乐竟为一章。"本义：音乐的一曲。引申义：章法、章程、规章、奏章、章服、文章。成事成文为章。"下学而上达"（《论语·宪问》），"不成章不达"（《孟子·尽心上》）。

"君子之道，暗然而日章"，外尚简朴，然日久章明、显著；"小人之道，的然而日亡"，光彩夺目，但日渐暗淡。

"淡而不厌"，平淡不足，"君子淡以成"（《礼记·表记》），

"中和之质，必平淡无味"（《人物志·九征》），如水无味，能调和五味。

"简而文"，文，经纬天地；简，可以御繁，"易简而天下之理得"。

"温而理"，"色思温"（《论语·季氏》），"即之也温"（《论语·子张》）温但合于理，不作伪。

此章字改很多，但意义特别深，层次分明，可知怎么做事，是成方子。但难为浅见寡闻者道也。

"书不尽言，言不尽意"（《易经·系辞上传》），必要好学深思，深通其意者推之，"思之思之，鬼神通之"。

"知风之自"，应是"知凡之目"之误，《春秋繁露·深察名号》："号凡而略，名详而目。目者，遍辨其事也；凡者，独举其事也。"

"知远之近，知凡之目，知微之显"，此为做事的方法。"知远之近"，因一端而博贯之，《春秋繁露·精华》："为《春秋》者，得一端而多连（博达）之，见一空（孔）而博贯之。"一致百虑，殊途同归。

"知凡之目"，凡例纲目，有伦有序，不可以本末倒置。理事有层次，得其大凡，知其细目。理事有层次，一步一步做。大小事一样，一层一层来。

"知微之著"，《春秋繁露·二端》："《春秋》至意有二端，不本二端之所从起，亦未可与论灾异也，小大、微著之分也。夫览求微细于无端之处，诚知小之将为大也，微之将为著也。"

"可与入德矣"：一、别人都称许我们入于德了；二、此事可参与德行之内，好坏不用自己说。

己立立人，己达达人；己所不欲，勿施于人。由己往外推，由微之著，由隐之显，则达显现之德，好坏自有公论。

任何事，按其层次，分层负责，不可一次独揽，按步骤行事才滴水不漏。如剥竹笋，一层一层地剥，最后才进入核心。一个接一个，渐次演进，延续下来。

必懂得层次是演进的，演变必细看，放诸四海而皆准。事情是演变的，用公式演，灵活运用。入手、经过、结果，皆一贯的。

"天地位焉，万物育焉"，天下事做得百姓满意了，则"与天地参矣"！政治家必将政治从最微至显，都一一研究彻底，必要好好读《学庸》。

中国人解决中国问题，必要用土办法，因中国的地情、民情不同于外国。要念兹在兹，终生研究之，"以夏学奥质，寻拯世真文"。

日本对中国、俄国皆研究得很清楚，对中国各方面都有专门研究，他们不研究透彻，绝不会上我们这儿投资。做事不是空谈，应实事求是，必自实际着手，要知己知彼，知进知退。

事，非讲理论，得行，必要同心协力。没教明白，白扯！就做，不必说，成败由别人说，嘴如守不住，绝对成不了大事。

做事该用哪种人，就用哪种人。台人就欺善怕恶，就我对你们说真话，但仍保留十分之八。

认识自己，在这环境中要怎么做？在台有台的办法，何以不亲祖国？亲日拒美，但日本亦瞧不起你，达到政治勒索目的，就结束了。

"越王勾践破吴归，义士还乡尽锦衣。宫女如花满春殿，只今惟有鹧鸪飞"（李白《越中览古》），义士其实已非义士，朝代已经改变了。

今天的台湾人，还懂得四十年前台湾之苦？如懂，就知道修俭德了。看司马光《训俭示康》，自己能享受而不享受，俭；该给人而不给，吝。人可以有俭德，但不可以有吝德。

今天台湾人不懂得有中国风，懂得为人之道？根本连常识都没有。必要有高的修养，懂得责任，对个人、家庭、社会甚至人类负责。

人的品与格，有上、中、下之不同，皆在乎自己。懂得短处了，必要脚踏实地做。对某事可以失望，但对整体事不可以绝望，因为"治起于衰乱之中"。

我不想与世俗争短长，也不想找是非，有守。中国由亡国的边缘到今天没有敌人蹂躏，不易！百余年作为外国文化的实验场，结果无一不失败，今后怎么走上正轨很重要。两岸问题是打断骨头仍连着筋。

现在要用什么手段达到世界和平？有人提议裁军，但有此一可能？此因人的知识领域，所见乃不同。应使人人都懂得用良知，即率性。今天第一要义即恢复人品，一民族之兴衰系于文化。应教每个人懂得"率性之谓道"，此为吾人的责任。要唤醒人性的良知，此为吾人奋斗的目标。

"率性"，就是奉"元"行事，要"联（比辅）"与"均（天均）"，均是政术，因为"万物皆备于我"，"不患寡而患不均"必得平均。联与均是自良知来的，得会"率性"，因为性生万法，能够应付一切。

要深思熟虑地想问题。如笨，那就多经几个层次，最后归元。多思多虑，回到根源，元生万物，殊途同归。多思多虑，多经几个层次也会得结论。要天天训练自己。聪明者则直探根源，一针见血。

做事应自己主动，看谁的脑子是大哥。搭上门，有事就得谈谈，谁有办法谁是老大。第一步怎么走？

没有常识，什么事都与自己无关，读什么书有用？

"螳螂捕蝉，黄雀在后，后面一小孩拿着弹弓"，什么事都要有几层的准备。一问题必经过几个步骤，最后得到什么？最后来的结尾了。几经变换，小孩得了。有志，要时至而不失之。懂得道理了，应知怎么去做。不在乎先走后走，而在于时至而不失之。小孩时至了，带个鸟回去。必有智才能应变，有应变之智。你们记住很多问题，但是不会融会贯通。

做一事，得设几个防，一个防一个步骤。如何名利双收、如何得民心，能够发而皆中节吗？"不可为典要，唯变所适"，事在人为，不在先后，就看你得什么，用什么方法得到"既仁且智"？

做事必有结局，在结局时要捷足先登。做小孩，表现好则既仁且智。

做事必经过几个步骤：螳螂、雀、小孩。结尾：既仁且智，都不赔本，得雀送动物园。

台湾的教育失败，许多人一出手就"小儿科"。"若有用时，自找上门来"，看一件事就可以得很多的启示。我早有步骤，在台五十年受苦，绝不白过，精神上应该有所满足。

检讨是成功之母。《易》为悔吝之书，不检讨怎么能知"无大过"？一个卦就可以解决。好好想，到时得自己应变。好好养头脑，不必急，时至而不失之。

要练达，嗜欲浅，天机才深，此为颠扑不破的真理。天下没有难处，你们什么都知，就是守不住。人的嗜欲能停住，最难！

层次，都没有空话；深思，完全用得上。所讲的故事都有深意，领悟了，就用得上。

学文史哲的要拿做事的成果给人看。任何事无不有结束，开始吃亏，结束要怎么插手？

必要有"乘势"的智慧，情势变了就"随势"。表现愈多，有深度的看不起你。人家肯定，还用你自己说好说坏？

方案先列好，届时用上哪一个，要早做准备。有备不患，用不上岂不更好？会谈恋爱，就会治国。

《学庸》必深玩味，对建设和平社会很有帮助。

《诗》(《小雅·正月》)云："潜（隐）虽伏（不见）矣，亦孔（大）之昭（明）。"故君子内省不疚（愧疚），无恶于志（初志）。君子之所不可及者，其唯人之所不见（慎独，独立）乎？

"潜虽伏矣"，潜虽伏而不见；"亦孔之昭"，但终大明。由微之显，"莫见乎隐，莫显乎微，故君子慎其独也"。

"内省不疚"，无忝所生；"无恶于志"，不丢己之初志。"志"，心之所主，与生俱来的，"士尚志"。初志，即你们刚考上大学时，睡不着觉，怀着对未来的憧憬。但到社会，油条了，就否定当初所立的初志而从人了。

"君子之所不可及者，其唯人之所不见乎"，岂是摆着给人看的？要慎独，由隐之显，由微之著。

《诗》(《大雅·抑》)云："相（看）在尔（你）室，尚不愧于屋漏。"故君子不动而敬（敬事），不言而信（有信德）。

古代室内之神：西北角为漏神，西南角为奥神，东北角为宧（yí）神，东南角为窔（yǎo）神，中间为中霤（liù）神，位尊。

《论语·八佾》"与其媚于奥，宁媚于灶"，奥神与漏神，是两个看不见的管家，但没有实权。灶神，主掌厨房和饮食的神，位低但是有实权。

每屋都有漏神，神无所不见。"相在尔室，尚不愧于屋漏"，他在居室的行为，面对漏神都没感到惭愧，因为"诚于中，形于外"。连漏神都不讲他的不对，因为他循规蹈矩。

素行良，"不动而敬，不言而信"，不待言动，就看你素行，是否敬事诚信。"天何言哉？四时行焉。"（《论语·阳货》）读书在改变器质，修德，"望之俨然"，有威仪；"即之也温，听其言也厉（励）"（《论语·子张》），说造就人的话。你们要养成说话的习惯，不说话不行，否则无法担当大事。

不懂孝道，天下永不能平，人人亲其亲而天下平。领导人必须笃笃实实，不懈于位，天下才能平，君子笃恭而天下平。

《学庸》必须纯熟，我常用。必得精，惟精惟一。

你们最不会想问题。"人之为道"，都想要面子，愈弄愈僵。傩夫（迎神赛会，戴面具以乐舞驱逐疫鬼）就要面子，拼命为他们做面具就好了。

自己必得能行，光讲不行。二十二岁杀人，唯一死刑，谁来负责？"克己复礼为仁"，克己特别不易，为仁，行仁，实行仁。克制自己的欲，欲壑难填，人欲的深沟最难以填平。

我四十岁时，二战结束，"满洲国"覆灭；来台时，四十二岁。三十六岁开始，即一人过活，要做事，真是苦不堪言！那时"满洲"出产的东西都要给日本。

欲壑难填，所以要下"克"的功夫。欲壑怎么克？"率性之谓道"，顺着人性，即本良知去做事。

遇事要反躬自省，不违背人性。做不合理事时，要以人伦克制自己的欲，引起良知，想想儿女、兄弟……可以马上停止不合道德的行为。遇事，要唤醒良知，用伦常、人伦一常，如火遇水浇。伦常就是礼，发邪念，伦常观马上在良知上降低你的欲念。

用严刑峻法都是错误的，一如裁军并无法换取和平。我们的教育，有让小孩懂得人伦？应尽化育之工，光讲，未必有效。

在一个团体当秘书长，没有发挥力量，完全是助人为恶！讲一套，不能做一套，有什么用？为仁，是行，并不是讲。良知，就是率性。有一东西存在，顺着即率。

克己复礼，礼为性之用，回到礼上，"一日克己复礼，天下归仁"，非礼，勿视、勿听、勿言、勿动。视，如电视、电脑、电影等影响不可忽视；听，如CD、音乐对青年影响太大。言、动，多半因视、听的影响，而形之于言、动。

现代人牺牲的精神太少了，为人师、为人母的应该注意。

昔日女子虽弱，但是为母则强。母鸡护小鸡，就是慈的表现。今天为人父母的忘了慈，如真有慈的观念，焉敢随意离婚？应使孩子完整。离婚，自己不吃亏，儿女可亏大了！

中国的思想就建树在人性上，"士不可以不弘毅，任重而道远。仁以为己任，不亦重乎？死而后已，不亦远乎？"（《论语·泰伯》）中国人活时就是为了仁，任仁，一辈子要做好事。

不称"事元"，曰"奉元"，乃表示要奉元之道行事。同学要做书院的"任远董事"，任重而道远，俾予责任。要练达做事，把台湾变成一个化育之岛，指正政客的错误，要有自己的做法。

人可以有信仰，但是不可以迷。台湾宗教真是一劫，浪费多少钱修庙，何不用在正当用途上面？今天和尚什么都不缺，连儿子都有了。

直心就是道场，就是要修庙，也要修没钱人来的庙，绝不欢迎有钱的居士。就是一分钱，也应用在有用之处。既然有钱修庙，何不凑钱修焚化炉？在台北有一足以为人法的行为？最可怜的则是善良的老百姓！在台身受其害者何以还不敢说一句真话？

唯有用人性、良知、人伦，可以克制自己的邪念。是人，就要有人的行为。上天造物是何等善良！天命就是性，要尽物之性。有人性的存在，应好好改变自己。用物之性唤起人性，因为是"元胞"，故能尽人之性，进而尽物之性。

父始母生，都是自"元"来的。物各有性，"各正性命"，遇事，知属于哪一类，能以类类之，"类万物之情"。

"天命之谓性"，天命就是性，蚂蚁亦能尽其性，表现其慈与爱，觅食时更表现其群德。蚂蚁搬家，就要下大雨了，嘴中叼蛋，蛋为其子孙。今天的人连蚂蚁都比不上，懂得慈、爱、食、天象？

一个人如果没有人性，完全完了！"人之所以异于禽兽者，几希！"（《孟子·离娄下》）今人则连"几希"都没了！人心已死，如何唤醒人性？讲学犹如戏子唱戏，今天有几个家像家？一念之差，一生就毁了！

遇事要追根究底，问何以如此，要追其所以然，中国人立教以仁，"仁者爱人"，最后"无不爱"。

慈，是完全没有条件的，就是牺牲。现在小家庭的悲哀！应自"复性"开始。马一浮抗战时在四川成立复性书院，抗战胜利后其弟子在杭州修复性书院。我做事达到目的就够，不讲究排场。

今天台湾的一切，是自不能"齐家"造成的。要以"行仁"作为自己的责任，"仁以为己任"，任仁，一辈子行善。许多人为满足一己之私欲，而造成多少人人生的缺憾，岂不是完全系于一念之间？

知道"率性之谓道"者为先觉，先觉要觉后觉；"修道之谓教"，是教"率性之谓道"。"道也者，不可须臾离也"，人不可以离开人性，离开乃因为习，"习相远"也。何以要修西门町，使男孩女孩都没有个人样？"始作俑者，其无后乎！"（《孟子·梁惠王上》）

性，都一样；独，不一样。唯我独尊，"性相近，习相远"。宋儒对"独"讲得乱七八糟！自小动物体悟天道，"天之历数在尔躬（身）"。人千万不要违背自然。多看《春秋繁露》谈天人处。

杭辛斋有三个未竟之志，要接着做，不要抢旗夺号，欺师灭祖。

杭辛斋（1869—1924），名慎修，又名凤元，别字一苇，海宁长安镇人。清光绪十五年（1889年）县试第一，补博士弟子员。次年入北京国子监。后考入同文馆，弃科举，习新学。二十三年（1897年）到天津，次年与严复、夏曾佑等创办我国第一张民办报纸《国闻报》，宣传变法维新。曾上书光绪帝，条陈变法自强，两次被密旨召见，并赐"言满天下"象牙章。杭辛斋曾组织《周易》学术研究会，名"研几学社"，在学社曾任《周易》主讲，著有《杭氏易学七种》。《辛斋易学·学易笔谈》谓："吾辈丁兹世运绝续之交，守先待后，责无旁贷，亟宜革故鼎新，除门户之积习，破迂拘之谬见，以世界之眼光观其象，以科学之条理玩其辞，集思广益，彰往察来，庶五千年神秘之钥可得而开，兴神物以前民用，这些绝非孔夫子欺人的话。"

看《辛斋易学》，先自《正辞篇》（《辛斋易学》下《易楔》卷六）看，一个步骤一个步骤看，必须持之以恒地看。

同学要快快努力，台湾文化太低了！我将同学分为四代（指入学年代）：1971 年前的，长老；1971 年至 1980 年，为老；1981 年至 1990 年，为壮；奉元开始，为青。以"宁缺毋滥"为原则。

我写"元"，正视元。注意蚂蚁、虫子，它们不作伪，对我的启示太大。要懂得怎么去用心。

如无董仲舒、何休，那"公羊学"要怎么讲？意境之高，作为大纲，要自董学求。"为往圣继绝学"是每一位学人的责任。

《大学》就要学大，"唯天为大"。大学，天学；学天，法天。怎么法？"天行健，君子以自强不息"（《易经·乾卦》）。《大学》与《中庸》互为表里，所以"在明明德"。

不称"元学"，因为元学不如"学元"，但是学元又嫌土气。不是"《易》学"，是"学《易》"，较为恳切，学《易》，"可以无大过"（《论语·述而》称"五十以学《易》，可以无大过矣"）。怎么深思？元学，与自己无关，应学元。学元，即事元，但比不上奉元。《春秋》称"奉元"，奉元行事，是元教的实行者。自此深入，才知道要如何导民成俗。人的品德比不上蚂蚁，蚂蚁未失其"本然之善"。孔子的东西，每经过一次反对，却是更为深入一层。

杭州西湖的灵隐寺，传说济颠和尚（1133—1209，济公活佛，人称"济公"，或"济癫"或"济癫僧"）在此出家。

灵隐寺，又名云林禅寺，创建于东晋咸和元年，距今已有 1690 多年历史。地处飞来峰与北高峰之间，山奇峰秀。灵隐寺自创建以来，历经十余次毁坏和重建。

今天修复的古迹，已无往昔的敦厚。"文革"时，仍有肯吃苦的真和尚。

台湾什么都败坏到极点！现正在"正风"的时代，所以批评东、批评西。因为要拨乱反正，并不是喊口号，所以必要懂得什么是"正"。

"明德"是什么？何以"学大"的第一件事是"在明明德"？要经常温习，真明白要深入地悟，"思之思之，鬼神通之"。"定、静、安、虑、得"这几步功夫，比禅宗的"戒、定、慧"，实有过之而无不及。

《坛经》，是中国思想的产物。

《六祖坛经》是禅宗最重要经典，禅宗奠基之作，对唐代以来中国佛教的发展有极为重要的影响。

"万物并育而不相害，道并行而不悖"，中国人的思想与智慧，足以包容外来的思想，"大德敦化"，不但不排斥，还要要吸收外来文化。要好好学英文，作为吸收外来文化的工具。你们何不做现代的玄奘？

玄奘（602—664），于 629 年由长安出发，冒险前往天竺，即今天印度。他在异常险恶困苦的条件下，以坚韧不拔的精神，克服重重艰难险阻，终于抵达天竺。643 年载誉启程回国，将六百五十七部佛经带回中国，并展开翻译佛经事业。

奉元，要还中国文化的本来面目，不要钦定（如《钦定四库全书》）、正义（如《五经正义》，是唐代颁布的官书），要"学校钦定之枉，道正率性之元"。

"得"字有深义，老子特别重视"得"，得一。"求仁得仁"，求什么得什么，因为"万物皆备于我"，都为你准备好了，你能得多少？

"无入而不自得"，无论到什么环境没有不能自得，绝不入宝山而空回，何等境界！得，那也要看是得些什么，你自己有多少"得"的智慧？

人生五十才开始，确实如此。开始做，得代表你自己，人没到五十岁能够成熟？前面是作为准备期。现在活到八十岁已非古来稀！

要按计划读书，必须有系统。每天读两个小时，持之以恒。做事必要用脑子考虑，虑深通敏，敏则有功，不白做功。

王弼（226—249）释《易》，将道家与《易》融在一起。程颐亦以其思想释《易》。朱熹自称"本义"（《周易本义》），否定一切。《乾坤衍》为熊十力的思想。

"王肃（195—256）曰""郑康成（郑玄）曰"的时代，已经过去了。称"夏学"，亦可与外来思想相互融通。

"为往圣继绝学"，真继绝学了，二十年亦可成家，做学问必要持之以恒。中国学问应承的学太多了，没有一件不是绝学，连作挽联在内，曾、左的挽联是一绝，开湖南之风气。

填词有词谱，如可以找几百首《菩萨蛮》读熟了，就会填词。

《菩萨蛮》，词牌名。双调四十四字，上下阕各四句，两仄韵、两平韵。上阕后二句与下阕后二句字数、平仄相同。上下阕末句都可改用律句"平平仄仄平"。

李白：平林漠漠烟如织，寒山一带伤心碧。暝色入高楼，有人楼上愁。　玉阶空伫立，宿鸟归飞急。何处是归程？长亭更短亭。

周邦彦：银河宛转三千曲，浴凫飞鹭澄波绿。何处是归舟，夕阳江上楼。　天憎梅浪发，故下封枝雪。深院卷帘看，应怜江上寒。

李清照：归鸿声断残云碧，背窗雪落炉烟直。烛底凤钗明，钗头人胜轻。　角声催晓漏，曙色回牛斗。春意看花难，西风留旧寒。

李煜：铜簧韵脆锵寒竹，新声慢奏移纤玉。眼色暗相钩，秋波横欲流。　雨云深绣户，未便谐衷素。宴罢又成空，魂迷春梦中。

纳兰性德：萧萧几叶风兼雨，离人偏识长更苦。欹枕数秋天，蟾蜍下早弦。　　夜寒惊被薄，泪与灯花落。无处不伤心，轻尘在玉琴。

学什么，都有一定的方式。必须立志，发愤，三年绝对小成。

要将生活趣味化，人生才可爱。我散步也想，焚香、煮茗亦想。博固然好，但不如精一。

不读《春秋》，哪知"中国"是什么，怎知"孔子之志"？孔子"志在《春秋》"。

有用，必得在生活用得上，才是实学。要自根上，亦即人性唤起，中国伦常之教的重要在此。

《诗》(《商颂·烈祖》) 曰："奏 (进) 假 (gé，至) 无言 (默化潜移)，时 (同 "是") 靡 (无) 有争。"是故，君子不赏而民劝 (劝勉)，不怒而民威 (畏) 于铁钺 (fū yuè，古代兵器，喻有威仪)。

"奏假无言，时靡有争"，进至无言，默化潜移，是无有争。

社会之争、乱，皆起于多言。人无言便是德，无言就不起纷争。

"不怒而民威于铁钺"，"君子不重则不威"，要养威仪，

"望之俨然"，百众以畏，万民以服，如七十子之服孔子，"中心悦而诚服"（《孟子·公孙丑上》）。

《诗》（《周颂·烈文》）曰："不（同'丕'，大也）显惟德（大显己德）！百辟（bì，诸侯）其刑（同'型'，见贤思齐）之。"是故，君子笃（敬己）恭（不懈于位）而天下平。

"不显惟德"，大显己德，不必作秀。显德不显言，有善行，"示我显德行"（《春秋繁露·身之养重于义》），"中正以观天下"（《易经·观卦》）。"其身正，不令而行；其身不正，虽令不从。"（《论语·子路》）

"百辟其型之"，"君子怀刑（型）"（《论语·里仁》），君子所怀的是型，大家都以你为"型"了，能不向你学习？文天祥《正气歌》云："哲人日已远，典刑（型）在夙昔。风檐展书读，古道照颜色。"乃千古绝唱。

"士，事也"，最低阶公务员，"士尚志"，"士不及化，可使守事从上而已"（《春秋繁露·深察名号》）；"君子"，有多种意义：成德者、在位者、国君、公务员。

"笃"，厚也，《说文》云："笃，马行顿迟。"行迟，必脚踏实地，引申为敬己以笃，诚笃、笃实，为内圣。"恭"，《说文》云："肃也。"处事以恭，不懈于位，为外王。

"君子笃恭而天下平"，人人皆有士君子之行，都能笃笃实实，不懈于位，不起纷争，就家齐、国治、天下平了。平天下而天下平，太平世了。

"笃恭"二字解释了《中庸》，不论做什么事，在什么位，都得不懈于位，在位谋政，尽己责任。有人光是享受，不能尽责任，能不大乱吗？一切皆在行，而不在言。

《诗》（《大雅·皇矣》）云："予怀明德，不大声（声音）以色（形形色色，指表情）。"

"我怀明德"，所显唯德，不必再装腔作势。自"明德"入手，"不大声以色"，不必自我宣传，装腔作势。管理天下事，不是以声、色。

"明德"是什么？自《易》看明德的意境多美！"大明终始"，其笔法与《春秋》"大一统""大居正"同。《大学》"在明明德，在新民，在止于至善"，三个"在"字，即绝不含糊。看《读经示要》中熊夫子是怎么讲的。明德，是终始之德，自此可见《大学》的重要性。

"在明明德"，即在报恩，所以终始即是生生。万物终而复始，生生不息，宇宙之所以有价值与意义在此。物产，今年吃完，明年又生，生生不息。

学大，大之德第一个在明明德。第一步要懂得感恩，要报恩，有祖师庙供祖师爷，是在报恩。使旧东西变成新玩意儿，生生不息。"明明德"，明天地之间"生生不息之德"于天下，乃为人之第一要义，对今天之种种享受怀抱感恩的心。

教书，必当以明德化普天下人皆明其德，使普天下人皆光明。"在新民"，自觉觉人，作新民。

"在止于至善"，人皆想至善，没有一定的境界。什么人最缺德？就是破坏至善者。人的一举一动没有不想求至善的，不要破坏人家至善的愿望，其动机是圣洁、至善的，破坏即代表缺德，一叶落而知秋，一举一动即告诉人你为人的卑鄙。

慎独，察微，不助人为恶，本身必要"克己复礼"。

今天在台，天天大声以色。声色化民是末，那什么是本？没有实际对症，那读书有什么用？读书必要彻底地想。

《大学》与《中庸》相表里，《中庸》又与《易经》相表里，此与乾、坤二卦有关。

我在台干五十年，在此读过一年书的有六千多人，中学老师有五千多人，但在台有影响力？找不出一个有成就者。林清江还不错。

林清江（1940—1999），台湾知名教育学者，著有《教育社会学》等多部著作，终身投入教育工作，是台湾教育改革史上重要人物之一。

张学良过生日，把墓修在夏威夷，落荒了！其家在沈阳（1625 年，努尔哈赤迁都沈阳，1634 年皇太极封沈阳为"盛京"）小南门边。我家在外边（现沈阳市和平区小河沿）。我与张曾部分受教于同一老师，沈梦九教我们古文。

英国人在此修一医科大学（私立辽宁医学院，前身为盛京医科大学，1882年由英国教会建立，1948年11月并入中国医科大学），孝庄文皇后的娘家亦在此。有一部最好、最完整的《四库全书》，送回龙兴之地（沈阳故宫文溯阁珍藏，1966年10月移交甘肃省图书馆保存）。

皇姑屯事件，张作霖被炸，尸首不见。

1928年6月4日5点30分，张作霖乘坐的专列经过京奉、南满铁路交叉处的皇姑屯车站三孔桥时，火车被预埋的炸药炸毁，张作霖被炸成重伤，送回沈阳后，于当日死去。案发皇姑屯站以东，史称"皇姑屯事件"。

张学良欲为父报仇，"东北易帜"唯一的条件是"打日本"；结果，老蒋说话不算数，张心中不舒服。

"东北易帜"，是指皇姑屯事件之后，张学良继张作霖统，成为东北的奉系军阀将领，他将原来悬挂的北洋政府的五色旗换成国民政府的青天白日满地红旗，并于1928年12月29日通电南京，宣称接受国民政府管辖，中国得以形式统一。两日后，依照先前谈判条件，国民政府命张学良为东北军政领袖。

那时，北方人（齐鲁、豫、冀）为张作霖修一陵，仿清太宗陵（皇太极，1592—1643，昭陵，位于沈阳城北约十华里，也称北陵），具体而微，不敢称陵，乃称"元帅林"（1929年5月动工兴建。位于辽宁省东部抚顺市东北部，地处大伙房水库东北岸）。

张将西安许多雕刻运至"元帅林"，后变成博物馆，并未将张作霖归葬。

元帅林，在抚顺东35公里，现为国家森林公园。园内陈设有明清两代的石刻艺术品和影壁浮雕数十件，雕工精巧，造型生动，不远处还留有罕王行宫遗址等古迹，使公园成为自然景观和人文景观兼存的森林旅游胜地。附近的萨尔浒山也是著名的游览地，山上有金代古城遗址、乾隆为纪念萨尔浒山战役而立的石碑等多处文物古迹，与公园的景致相互映衬。

九一八事变时，张小六子（以大排行言）正陪英使听戏。

九一八事变，是指1931年9月18日在中国东北爆发的一次军事冲突和政治事件，又称沈阳事变、奉天事变、盛京事变、满洲事变、柳条湖事变等。冲突双方是中国东北军和日本关东军，日本军队以中国军队炸毁日本修筑的南满铁路作为借口，占领沈阳。事变爆发后，日本与中国之间矛盾激化，而日本军部主战派地位上升，国会和内阁总理大臣权力下降，导致日本全面侵华。几年时间内，东北三省全部被日本关东军占领。

张作霖未及入葬"元帅林"，1932年3月1日"满洲国"成立，张乃回不去，退入关内。

老蒋坐镇西安（1936年12月4日），想直捣中共中央驻地延安；张学良发动"西安事变"（12月12日，又称双十二事变），周恩来斡旋调停。周恩来是一奇才，有威仪，有口才，在沈阳读小学。张在天津时，两人有来往。

专制帝王时代过去了，研究历史的应研究：近代中国为民谋福的有几人？近百年中何以无一人有成就？如得出结论，始知未来应走的方向。

怎么治民才是本？研究活问题。必有毛病，因为无病不死人，要知道乱源之所在，才能拨乱反正。先认识中国的乱源，再看看人类的乱源在哪里。

我年轻时特别好动，几乎每出戏都跑过龙套。现在加强训练，是在使你们的脑子起沫。书必须读得精，而不是多。同样一件事，我的看法和你们绝对不一样。

人因为环境不同，入手处亦不同。要怎么下手？此乃实际的。

明德，终始之德，生生不息。为天地立心，复。"我怀明德"，"我怀终始之道"，终始，终而又始，"六位时成，时乘六龙以御天"。"六龙"，六变，代表所有的变。时乘，是术。没有终始之道，就没有六位。"六位"，六变，时时变，处处变。天、地、人，始、壮、究。

既"时成"了，就得"时乘"。龙，还代表德。"时乘六龙以御天"。有"时"，没能"乘"，只能并行，跟着人家走。唯有"时乘"，才能控制马的快慢左右，完全是用膝盖的功夫，马受过训知道。昭陵六骏（唐太宗心爱的六匹战马）绝对是受过训的骏马。人训马，人得先会变，马才听你的。

必应整体之变，了解全局。"天下（易简）之理得，而成位乎其中矣"（《易经·系辞上传》）。多少用点心机，遇事要多观察。

讲思想，一家之言，可以有百家争鸣。郑康成遍注群经，但王弼一出，即取而代之。可见是在于有人接受与否，不被接受就落伍了。读书，不要盲从，要想。

"时乘六龙以御天"，"时乘"所有的变来御天下事。乘，你在一切变之上。现在时时变，三十分钟都可以决定人的终生。"时乘"，连眼睛都不敢闭。不怕变，且要骑在变上，才能支配这个变。不乘，就不能支配。"御"，驾驭。

为什么我们的东西不能用？"文武之政，布在方策"，但是看不懂，所以半点儿也用不上。

我深入印证，对付敌人，绝不用敌人的思维，教他永远摸不到。

子曰："声色之于以化民（声色化民），末也。"

不用声音、气味、表情，装神弄鬼，不神化自己以化民。而是用计、策、谋、韬、略、猷，"精诚所至，金石为开"。

神明之至，民自化之。如没有作用，"化"都没了！要以"文"化世，所以要"学文"，文之重要可见一斑！

无论怎么扯后腿，必要自己想出办法，不能看轻自己。但绝不是具有声有味者所能想出的。祖宗留下了多少宝贵的矿产，要去发掘并加以利用。

《诗》（《大雅·烝民》）曰："德辎（yóu，轻也）如毛。"毛犹有伦（类）；"上天之载（事），无声无臭（xiù，气味）"（《诗·大雅·文王》）。至矣！

"以德化民"，就像风吹毛一样，轻而易举，不费吹灰之力！但是毛犹有不同的毛。有类、有伦，即着形着相，仍然有问题。

德轻如毛，毛犹有类，有类就有比较，如狗毛、羊毛，还有更细的羊绒、羽绒。然德不分类，行善德，人人皆能行之，"我欲德，斯德至矣"，人人能行。

孔子是至圣，你修成也是至圣，圣人不是固定的。

"上天之事，无声无臭"，色相有形态，无形态是策、略、谋、计、术，是办法。

"天行健，君子以自强不息"，"天何言哉？四时行焉，百物生焉"，无声无臭。无声无臭才能到最高境界，化民不着形迹。"大明终始，六位时成。时乘六龙以御天"，以时乘之术，则无声无臭。

"至矣"，至于天，到最高境了，"与天地参矣"。

"至（𡳿）"，《说文》云："至，鸟飞从高下至地也。"无间有际，没有距离，只有际。

"诚者，天之道"，至诚，《中庸》"天"，即"诚"；终于"至"，至于天，天人合一。"大人者，与天地合其德"，乃"精诚所至，金石为开"。

"诚"，为宇宙之体；"诚之"，为人事之用，体能生用，即用显体，故曰"诚者，天之道；诚之者，人之道"。"不诚无物"，"不诚，未有能动者也"（《孟子·离娄上》）。无一欺人之言，贵乎能行，行特别难。不要听人说就相信了，要慎思之，明辨之。

我如当政，富人绝不必想活，净夺人之所有。我到哪儿，没有人喜欢，不在乎！

天下事自有公论，我写《恶僧传》，没骂的三个（印顺、圣严、证严），皆列入《天下》杂志（2000期）《台湾二百人物》中。

"元者，善之长也"，至，元也。止于至善，止于元，止于一，正，性命。奉元，必止于元。大陆奉元书院掌门的必北大的，学术才有本源。

变一为元，"止于元"的境界更高，与"止于正"不同。元，为一切（万有）之母。"止于元"，另辟天地，以过去的作为堆肥，用以灌溉种子——元。全世界文史必另写，另出发得有种子——元，以肥料培养种子。有丰富的肥料，创世的智慧，通化。

"大明终始，六位时成，时乘六龙以御天"："御天"，御天下事。"六位"，是固定的；"终始"，由第七爻开始，七日来复，一阳生，一元复始。中国特别重视"七"，"七"与"九"，皆极其重要。

"蒙以养正"，正，乃是与生俱来的。正，性命也，"天命之谓性"，绝不把性命丢一点，止于性命。"乾道变化，各正性命，保合太和，乃利贞"（《易经·乾卦》），以"保合太和"养性命，"太和"养命。正，止于一，"止于至善"，达到太平，"万国咸宁"。人必懂得"知止"，知自己要止于什么境界。

现在正是复始之机，改写历史时机。你们脑子何以完全没有反应？摆在你们面前也不会用，天生的没办法。第一要义必要能为人类谋未来。

要下定、静、安、虑、得的功夫。

"定"，不见异，就不思迁。

"静"，谈何容易？昔日以水为鉴，静的水，如静下来，浑的东西亦可以成器。如镜的功用，可以鉴物，迎而不将，不留痕迹，既无主观，亦无偏见。静，则社会事务一看就清楚，不跟人乱跑。静的功夫，宁静以致远。

"安"，不论造次、颠沛、患难，皆必于是，永远不变，素什么环境行什么环境。

"虑"，虑深通敏，"回虽不敏，请事斯语矣"（《论语·颜渊》），得经过"定、静、安"，且"虑"得深了，才能达"敏"。

"得"，得一，得元，无入而不自得，皆自得也。

韩非、商君都没有这五步功夫，可见修为可是不简单的！如自己都彷徨不知，遑论能够领导别人！

戒杀与戒食肉，是两回事。吃素，行为却是男盗女娼，应是心即佛、心即道场。一个"人"还叫人骂？是骂畜生，枉披人衣。"无忝尔所生"（《诗·小雅·小宛》），人活着，就是不能侮辱了自己生身父母。

做学问，不自欺才有得，修什么得什么，求仁得仁，求一得一，"万物皆备于我"，要求自己之自得。必要求真知，绝不可以自欺，要使人从内心里怕你的脑子。

读中国东西，如像读佛经般地细心，可以得更多更高之启示。中国人的思想境界特别高，但自汉朝以后就没有思想家了。应世得有智慧，不招无妄之灾。

要用诸子的智慧启发我们的智慧，子书必要下功夫，因其为用世之捷径，但前提是必守住做人之大本。

《论语》《大学》《中庸》到底讲什么？指"要旨"而言，应二言即可概括。《论语》"任仁"，求仁得仁，是步骤、方法，孔子思想要求人类任仁。《大学》"亲亲"而天下平，孝父母。《中庸》"笃恭"而天下平，恭，敬事，诚笃地素位而行。要点明白，一点就明白。

《学庸》学怎么用事，于你们做事特别有用。《大学》

古本，看王阳明的书。应给中国思想另开格局，拟内圣外王的本和用，内圣修己、外王治事，术德兼备。

中国讲自然，即无为，如加上人工就糟。道家，老子有一套功夫。程朱，一个学派，但二人绝对不同。

今天一切都应"之始"，《春秋》重始，元者，"造起天地，天地之始"，要另辟天地，必得下功夫。不要与俗人争短长，把宝贵的东西都浪费了！有"志"，加上"知止"，才能成事。"时"很重要，要能"时至而不失之"。许多事都有一定的步骤。

唯有沟通好两岸文化，此有道亦有术。我用名牌，北大的，此乃术也。遵道而行，但不能没有方法，先天、后天条件都是。就统而言，至少是正统。

静的功夫特别重要，如鉴，迎而不将，谁来照谁，不留痕迹。应世之道（术），重要之术在"迎而不将"。我不老，常吃青菜、豆子、蛋、奶。

别人骂，"事修而谤兴，德高而毁来"（韩愈《原毁》），正因为你影响他了！是"严师出高徒"（《礼记·学记》称"凡学之道，严师为难。师严然后道尊，道尊然后民知敬学"），不是名师出高徒。你们不会用脑，风俗很有关系，耳濡目染，习以为常。

"民胞物与，天下一家"，以爱心协助弱小民族发展。做事不可以净是投机，要脚踏实地，拿出真玩意儿。我们是道济，不是慈济，是救人的生命、灵魂，不是救肉体。

不必听是非，就听余音，喊"舅老爷来了！"真明白一句，都能成事。做事不要有一点儿私心，谁能谁做，必"有德者居之"。做事不要一开始目标就错了，一有"私"就坏了！证严的相有慈相。

"为人君止于仁"，中间要经过几个过程？知止，将来能否止于至善？可能还是至凶。想从"知止"往前走，其间之历程如何？如无通盘计划，遇事怎能不乱？搞政治，得有绝顶的智慧。有心，则绝对与一般人不同。

诸葛亮与姜子牙的境界不同，即使是行险傲幸，有魄力亦得有智慧。人要没志，混容易；有志，太危险了！中国的智慧无边，就看你能不能用上。光有贪心，没有修养与步骤能够成功？没有志焉能成事？我冷眼旁观。

"为往圣继绝学"谈何容易！无才智如董仲舒、何休，那要如何继？不过尽责使学统没断罢了！董、何之后有成就者少。

知止而后有定，没有那么简单。多少国君刚登台时都想当尧、舜之君，最后却成为幽、厉。可见其历程太可怕了！"知止"以后，结果未必"止于至善"，其间之历程最为重要！必有通盘计划地做一件事，有步骤，不是一步就能登天。

偶发事件应有应事智慧。知止而没有智慧者，比比皆是，就因为没有知识。都是唱戏，就怎么唱法也要有智慧。要懂得道理，不可以天天抱瞎猫碰死耗子的心理，不学无术根本不懂得怎么一回事。

知止了，得有通盘计划达到那个止。知止，而后定、静、安、虑、得，自得了，才能止于至善。得"了"，一音之轻重，结果判然有别。

人最后承认你孝，中间得承受多少麻烦？成德，得经过百般试探。哪家毁，多半毁在媳妇的身上。

《学庸》并非大同世的书，但是大同世得先"内其国"，必须经过这个阶段。有志，画一个表，一步步按正路走。遇到岔路，要用奇策应突变。

光有妄想，没有"修"的功夫，如何成事？应重视本身事怎么做。如就只是想打倒别人，结果别人没倒，自己却倒了。先检讨错误，再谈其他。明白，才能深思熟虑。遇突变，得有奇策奇招，平常得有此修养，要练达。

自古征战几人还？多读李华《吊古战场文》，人当不思战，不想战，不要战。要息争、止战。

解决问题，必坐下来谈，好战斗狠皆血气之勇，头脑简单。什么事都用暴力解决，能够解决问题？要用理智，要善用智慧。

不要尽做书呆子。越是遇到特殊环境，越是要沉着、冷静，沉得住气才能应变。

克林顿主动发动战争，目的何在？军事、外交都在一件事上并用了，一鱼两吃。克在卸任前，还会做一两件突出的事，为什么？从事实了解，才知怎么做事。克想用奇功，遮掩他的绯闻案（美国前总统克林顿连任成功后，发生和白宫实习生莱温斯基的一宗桃色丑闻）；用武力捍卫其国家利益。人做一辈子的坏事，临死之前也想做一件好事，否则死后的碑文岂不都是坏事？

我好、坏事都教你们了！都读一样的书，就看你怎么用了，如不龟（同"皲"，冻裂）手之药方，可用以医病、谋生，亦可用来建功立业、封王拜相，治国平天下。

不在早晚，而在适时，正是时候，不在捷足先登。先去者，"龙门点额回"（郦道元《水经注·河水四》云"鳣鲔也，出巩穴，三月则上渡龙门，得渡为龙矣，否则点额而还"）。大禹治水有"龙门"，黄河鲤鱼中头上有红点的最贵。如没有方，就只有点额回了。

办事与旅游，是两回事。做事之所以会雷声大、雨点小，乃因为没有把握住要点。事得有人去做，牌子并不值钱，做事得把握住要点。今天可是天天要新玩意儿，太旧必然垮。

你们未做事就有成见，焉能"迎而不将"？有不成功的经验，要好好检讨。冷眼旁观，坐山看虎斗，可以吸收前人的经验，以前十年作为借鉴，再十年就解决问题了。要将前人的失败都改正过来，然后再出发。

外交是突变的，反应慢怎么解决问题？每一问题发生，必要实际去想，此为真学问。

人能恒其德，太难了！不是某一件事没达到就失败了，必要有意志力。

不静，就不能为鉴，因为静，所有的东西都可以沉下去。人将欲降到底，此即是"潜"的功夫，沉淀下来了，由浑水可以成清水，中间即"静"的功夫。缺乏此一功夫，则永不能成德，又如何安？又如何在造次、颠沛之中都能不变？遇事，不要冲动，要下沉潜的功夫。

客观，就能由安而虑，虑深而通敏。儒家"定、静、安、虑、得"这五步功夫，实比佛家的"戒、定、慧"深太多了。宋儒以禅宗解经，实在太糟蹋了！

既是"万物皆备于我"，那就都可以选择，有选择权，是"自得"的，一个"自"字有多大的深意！佛讲"观自在"，人人要能自在，人人就成佛，自在佛。佛，心外无别佛；儒，性外无别道。

浙江海宁出大师：王国维、杭辛斋。做学问必要有真功夫，不可以光靠聪明智慧。

戊戌维新靠"幸进"（康有为急功，得罪诸老臣，遭反弹），整个失败，还牺牲许多人（谭嗣同成仁，康广仁等六君子被杀，光绪帝从此被幽禁在中南海瀛台）。不过历时一百零三天，故称"百日维新"。

读书必要有修养的力量！小，居下风，得"以小事大"，是"畏天者"的境界。好好筹算，在乎有无捷足先登的企划与预算。抓住入口处。晓以大仁大义，要在法理上都站得住，要虑深才能通敏。

我扯一辈子，至少还能回去。我将来的骨头，台湾与大陆各一半。

　　看尽人世的起伏、悲哀，而存在的是什么？人活着至少要无忝所生。多少人有自惭，有遗憾！

《中庸》原文

第一章（经）

天命之谓性，率性之谓道，修道之谓教。道也者，不可须臾离也，可离非道也。是故，君子戒慎乎其所不睹，恐惧乎其所不闻。莫见（xiàn）乎隐，莫显乎微，故君子慎其独也。

喜怒哀乐之未发，谓之中；发而皆中节，谓之和。中也者，天下之大本也；和也者，天下之达道也。致中和，天地位焉，万物育焉。

第二章

仲尼曰："君子中庸，小人反中庸。君子之中庸也，君子而时中；小人之反中庸也，小人而无忌惮也。"

第三章

子曰："中庸其至矣乎！民鲜能久矣！"

第四章

子曰："道之不行也，我知之矣，知者过之，愚者不及也；道之不明也，我知之矣，贤者过之，不肖者不及也。人莫不饮食也，鲜（xiǎn）能知味也。”

第五章

子曰："道其不行矣夫！"

第六章

子曰："舜其大知（zhì）也与！舜好问而好察迩（ěr）言，隐恶而扬善，执其两端，用其中于民，其斯以为舜乎？"

第七章

子曰："人皆曰予知，驱而纳诸罟（gǔ）擭（huò）陷阱之中，而莫之知辟（bì）也；人皆曰予知，择乎中庸而不能期（jī）月守也。"

第八章

子曰："回之为人也，择乎中庸，得一善，则拳拳服膺（yīng）而弗失之矣。"

第九章

子曰："天下国家可均也，爵禄可辞也，白刃（rèn）可蹈也，中庸不可能也！"

第十章

子路问强。子曰："南方之强与？北方之强与？抑而强与？宽柔以教，不报无道，南方之强也，君子居之。衽（rèn）金革，死而不厌，北方之强也，而强者居之。故君子和而不流，强哉矫！中立而不倚，强哉矫！国有道，不变塞（sè）焉，强哉矫！国无道，至死不变，强哉矫！"

第十一章

子曰："素隐行怪，后世有述焉，吾弗为之矣。君子遵道而行，半途而废，吾弗能已矣。君子依乎中庸，遁世不见知而不悔，唯圣者能之。"

第十二章

君子之道，费而隐。夫妇之愚，可以与知焉；及其至也，虽圣人亦有所不知焉。夫妇之不肖，可以能行焉；及其至也，虽圣人亦有所不能焉。天地之大也，人犹有所憾。故君子语大，天下莫能载焉；语小，天下莫能破焉。《诗》云："鸢（yuān）飞戾（lì）天，鱼跃于渊。"言其上下察也。君子之道，造端乎夫妇；及其至也，察乎天地。

第十三章

子曰："道不远人。人之为道而远人，不可以为道。《诗》云：'伐柯伐柯，其则不远。'执柯以伐柯，睨（nì）而视之，犹以为远。故君子以人治人，改而止。忠恕违道不远。施诸己而不愿，亦勿施于人。君子之道四，丘未能一焉：所求乎子，以事父未能也；所求乎臣，以事君未能也；所求乎弟，以事兄未能也；所求乎朋友，先施之未能也。庸德之行，庸言之谨；有所不足，不敢不勉；有余不敢尽。言顾行，行顾言，君子胡不慥（zào）慥尔！"

第十四章

君子素其位而行，不愿乎其外。素富贵，行乎富贵；素贫贱，行乎贫贱；素夷狄，行乎夷狄；素患难，行乎患难。

君子无入而不自得焉。

在上位，不陵下；在下位，不援上。正己而不求于人，则无怨。上不怨天，下不尤人。故君子居易以俟命，小人行险以徼（jiǎo）幸。

子曰："射有似乎君子；失诸正鹄（gǔ），反求诸其身。"

第十五章

君子之道，辟如行远，必自迩；辟如登高，必自卑。《诗》曰："妻子好（hào）合，如鼓瑟琴。兄弟既翕（xì），和乐且湛。宜尔室家，乐尔妻孥（nú）。"子曰："父母其顺矣乎！"

第十六章

子曰："鬼神之为德，其盛矣乎！视之而弗见，听之而弗闻，体物而不可遗。使天下之人，齐明盛服，以承祭祀。洋洋乎如在其上，如在其左右。《诗》曰：'神之格思，不可度（duò）思，矧（shěn）可射（yì）思。'夫微之显，诚之不可掩如此夫！"

第十七章

子曰："舜其大孝也与？德为圣人，尊为天子，富有四海之内。宗庙飨（xiǎng）之，子孙保之。故大德必得其位，必得其禄，必得其名，必得其寿。故天之生物，必因其材而笃焉。故栽者培之，倾者覆之。《诗》曰：'嘉乐君子，宪宪令德。宜民宜人，受禄于天。保佑命之，自天申之。'故大德者必受命。"

第十八章

子曰："无忧者其惟文王乎！以王季为父，以武王为子；父作之，子述之。武王缵（zuǎn）大（tài）王、王季、文王之绪，壹戎衣而有天下，身不失天下之显名，尊为天子，富有四海之内，宗庙飨之，子孙保之。武王末受命，周公成文武之德，追王（wàng）大王、王季，上祀先公以天子之礼。斯礼也，达乎诸侯大夫及士庶人。父为大夫，子为士，葬以大夫，祭以士；父为士，子为大夫，葬以士，祭以大夫。期（jī）之丧，达乎大夫；三年之丧，达乎天子。父母之丧，无贵贱一也。"

第十九章

子曰："武王、周公，其达孝矣乎？夫孝者，善继人之志，善述人之事者也。春秋，修其祖庙，陈其宗器，设其裳衣，荐其时食。宗庙之礼，所以序昭穆也；序爵，所以辨贵贱也；序事，所以辨贤也；旅酬下为上，所以逮贱也；燕毛，所以序齿也。践其位，行其礼，奏其乐，敬其所尊，爱其所亲，事死如事生，事亡如事存，孝之至也。郊社之礼，所以事上帝也；宗庙之礼，所以祀乎其先也。明乎郊社之礼，禘（dì）尝之义，治国其如示诸掌乎？"

第二十章

哀公问政。子曰："文武之政，布在方策。其人存，则其政举；其人亡，则其政息。人道敏政，地道敏树。夫政也者，蒲卢也。故为政在人，取人以身，修身以道，修道以仁。仁者，人也，亲亲为大；义者，宜也，尊贤为大。亲亲之杀

（shài），尊贤之等，礼所生也。（在下位不获乎上，民不可得而治矣。）故君子不可以不修身；思修身，不可以不事亲；思事亲，不可以不知人；思知人，不可以不知天。

"天下之达道五，所以行之者三：曰君臣也，父子也，夫妇也，昆弟也，朋友之交也，五者天下之达道也。知、仁、勇三者，天下之达德也，所以行之者一（三）也。或生而知之，或学而知之，或困而知之，及其知之一也。或安而行之，或利而行之，或勉强而行之，及其成功一也。

"子曰：'好学近乎知，力行近乎仁，知耻近乎勇。知斯三者，则知所以修身；知所以修身，则知所以治人；知所以治人，则知所以治天下国家矣。'

"凡为天下国家有九经：曰修身也，尊贤也，亲亲也，敬大臣也，体群臣也，子庶民也，来百工也，柔远人也，怀诸侯也。

"修身则道立，尊贤则不惑，亲亲则诸父昆弟不怨，敬大臣则不眩，体群臣则士之报礼重，子庶民则百姓劝，来百工则财用足，柔远人则四方归之，怀诸侯则天下畏之。

"齐（zhāi）明盛服，非礼不动，所以修身也；去谗远色，贱货而贵德，所以劝贤也；尊其位，重其禄，同其好恶（wù），所以劝亲亲也；官盛任使，所以劝大臣也；忠信重禄，所以劝士也；时使薄敛，所以劝百姓也；日省（xǐng）月试，既（xì）廪（lǐn）称（chèng）事，所以劝百工也；送往迎来，嘉善而矜不能，所以柔远人也；继绝世，举废国，治乱持危，朝聘以时，厚往而薄来，所以怀诸侯也。凡为天下国家有九经，所以行之者一也。

"凡事豫则立，不豫则废。言前定则不跲，事前定则不困，行前定则不疚，道前定则不穷。

"在下位不获乎上，民不可得而治矣。获乎上有道：不信乎朋友，不获乎上矣；信乎朋友有道：不顺乎亲，不信乎朋友矣；顺乎亲有道：反诸身不诚，不顺乎亲矣；诚身有道：不明乎善，不诚乎身矣。

"诚者，天之道也；诚之者，人之道也。诚者，不勉而中（zhòng），不思而得，从容中道，圣人也；诚之者，择善而固执之者也。

"博学之，审问之，慎思之，明辨之，笃行之。有弗学，学之弗能弗措也；有弗问，问之弗知弗措也；有弗思，思之弗得弗措也；有弗辨，辨之弗明弗措也；有弗行，行之弗笃弗措也。人一能之，己百之；人十能之，己千之。果能此道矣，虽愚必明，虽柔必强。"

第二十一章

自诚明，谓之性；自明诚，谓之教。诚则明矣，明则诚矣。

第二十二章

唯天下至诚，为能尽其性；能尽其性，则能尽人之性；能尽人之性，则能尽物之性；能尽物之性，则可以赞天地之化育；可以赞天地之化育，则可以与天地参矣。

第二十三章

其次致曲，曲能有诚，诚则形，形则著，著则明，明则动，动则变，变则化，唯天下至诚为能化。

第二十四章

至诚之道，可以前知。国家将兴，必有祯（zhēn）祥；国家将亡，必有妖孽（niè）；见乎蓍（shī）龟，动乎四体。祸福将至，善，必先知之；不善，必先知之。故至诚如神。

第二十五章

诚者自成也，而道自道也。诚者，物之终始；不诚，无物。是故，君子诚之为贵。诚者，非自成己而已也，所以成物也。成己，仁也；成物，知也。性之德也，合外内之道也，故时措之宜也。

第二十六章

故至诚无息，不息则久，久则征，征则悠远，悠远则博厚，博厚则高明。博厚，所以载物也；高明，所以覆物也；悠久，所以成物也。博厚配地，高明配天，悠久无疆。如此者，不见（xiàn）而章，不动而变，无为而成。

天地之道，可一言而尽也：其为物不贰，则其生物不测。天地之道：博也，厚也，高也，明也，悠也，久也。今夫天，斯昭昭之多，及其无穷也，日月星辰系焉，万物覆焉。今夫地，一撮（cuō）土之多，及其广厚，载华岳而不重，振河海而不泄，万物载焉。今夫山，一卷石之多，及其广大，草木生之，禽兽居之，宝藏兴焉。今夫水，一勺之多，及其不测，鼋鼍（yuán tuó）、鲛龙、鱼鳖（biē）生焉，货财殖焉。

《诗》云："维天之命，於穆不已。"盖曰天之所以为天也。"於（wū）乎不（pī）显，文王之德之纯。"盖曰文王之所以为文也，纯亦不已。

第二十七章

大哉！圣人之道，洋洋乎！发育万物，峻极于天！优优大哉！礼仪三百，威仪三千，待其人而后行。故曰："苟不至德，至道不凝焉。"故君子尊德性而道问学，致广大而尽精微，极高明而道中庸。温故而知新，敦厚以崇礼。是故居上不骄，为下不倍。国有道，其言足以兴；国无道，其默足以容。《诗》曰："既明且哲，以保其身。"其此之谓与？

第二十八章

子曰："愚而好自用，贱而好自专。生乎今之世，反古之道；如此者，灾及其身者也。"

非天子，不议礼，不制度，不考文。今天下车同轨，书同文，行同伦。虽有其位，苟无其德，不敢作礼乐焉；虽有其德，苟无其位，亦不敢作礼乐焉。

子曰："吾说夏礼，杞不足征也；吾学殷礼，有宋存焉；吾学周礼，今用之，吾从周。"

第二十九章

王天下有三重（zhòng）焉，其寡过矣乎？上焉者，虽善无征，无征不信，不信民不从；下焉者，虽善不尊，不尊不信，不信民弗从。故君子之道，本诸身，征诸庶民，考诸三王而不缪（miù），建诸天地而不悖，质诸鬼神而无疑，百世以俟（sì）圣人而不惑。质诸鬼神而无疑，知天也；百世以俟圣人而不惑，知人也。是故君子动而世为天下道，行而世为天下法，言而世为天下则。远之则有望，近之则不厌。《诗》曰："在彼无恶（wù），在此无射。庶几夙夜，以永终誉。"君子未有不如此，而蚤（zǎo）有誉于天下者也。

第三十章

仲尼祖述尧舜，宪章文武；上律天时，下袭水土。辟如天地之无不持载，无不覆帱（dào）；辟如四时之错行，如日月之代明。万物并育而不相害，道并行而不相悖；小德川流，大德敦化。此天地之所以为大也。

第三十一章

唯天下至圣，为能聪明睿知，足以有临也；宽裕温柔，足以有容也；发强刚毅，足以有执也；齐（zhāi）庄中正，足以有敬也；文理密察，足以有别也。溥（pǔ）博渊泉，而时出之。溥博如天，渊泉如渊。见（xiàn）而民莫不敬，言而民莫不信，行而民莫不说。是以声名洋溢乎中国，施（yì）及蛮貊（mò），舟车所至，人力所通；天之所覆，地之所载，日月所照，霜露所队（zhuì）；凡有血气者，莫不尊亲，故曰配天。

第三十二章

唯天下至诚，为能经纶天下之大经，立天下之大本，知天地之化育。夫焉有所倚？肫（zhūn）肫其仁，渊渊其渊，浩浩其天。苟不固聪明圣知达天德者，其孰能知之？

第三十三章

《诗》曰："衣锦尚䌹。"恶（wù）其文之著也。故君子之道，暗然而日章；小人之道，的（dí）然而日亡。君子之道，淡而不厌，简而文，温而理，知远之近，知风之自，知微之显，可与入德矣。

《诗》云："潜虽伏矣，亦孔之昭。"故君子内省不疚，无恶（wù）于志。君子之所不可及者，其唯人之所不见乎？

《诗》云："相在尔室，尚不愧于屋漏。"故君子不动而敬，不言而信。

《诗》曰："奏假（gé）无言，时靡有争。"是故，君子不赏而民劝，不怒而民威于铁钺（fū yuè）。

《诗》曰："不（pī）显惟德，百辟（bì）其刑之。"是故，君子笃恭而天下平。

《诗》云："予怀明德，不大声以色。"子曰："声色之于以化民，末也。"

《诗》曰："德辎（yóu）如毛。"毛犹有伦；"上天之载，无声无臭（xiù）"。至矣！

《中庸》译文

第一章

上天所赋予的就是人纯然至善的本性，顺着这个本性去行的就是仁道，修正自己被熏习所改变的道就是教化。仁道是不可以片刻离开的，可以离开而继续行的就不是仁道了。因此之故，君子对于他所没看真切的几微之事，总要戒惕谨慎，对于他所没真正明白的道理，总要心存恐惧。因为越是隐蔽的小事，其发展趋势越是明显，越是细微之处，随着时间推移，发展越是显著。所以，君子在面对自己的心念习性时特别慎重对待。

人的喜怒哀乐的感情还未表现出来时，叫作中；表现出来以后如都能合乎节制，就叫作和。中的状态是天下众人的本来性情，和的状态是天下众人靠着修养所实现的正路。天下众人如果能完全做到中和，天地就各安其位，万物就生长发展了。

第二章

仲尼说："君子奉守中庸之道，小人反中庸之道而行。君子所行的中庸，是说君子随着时机来合乎中道。小人反中庸之道而行的原因，是因为小人心中没有任何顾忌害怕的事。"

第三章

孔子说："中庸该是最高的那种德行了吧，百姓很少能够持久做到了。"

第四章

孔子说："中庸之道得不到广泛践行了，我知道其中的缘故；明智的人因自以为聪明而行过了头，愚蠢的人行为达不到中庸。中庸之道得不到彰显的机会了，我知道其中的缘故；德行好的人所行往往超过了中庸，德行差的人所行未达到中庸。人没有不吃饭菜的，但很少人能够真懂滋味啊。"

第五章

孔子说："中庸之道恐怕真的得不到广泛践行了！"

第六章

孔子说："舜真是具备伟大的智慧啊！舜喜欢向人请教，又喜欢考察来自周边亲近者的言论。对于了解到的一切，他隐藏有关邪恶的消息，进而去传扬良善的消息。他把握事情的正反两端，再将恰当的做法施用在百姓身上。这大概就是舜所以是圣王的缘故吧！"

第七章

孔子说:"人们都说'我聪明而有智慧',实际上常被驱使而陷入罗网陷阱之中,却不知道避开。人们都说'我聪明而有智慧',实际上选择了中庸的做法却不能够守住满一个月。"

第八章

孔子说:"颜回做人的方式,就是选择中庸去实践。他得到任何一种善行善念,就忠心拥抱,谨守奉持,进而不让它再离开自己了。"

第九章

孔子说:"天下国家可以平定治理,爵禄富贵可以推辞不就,在锐利的刀刃上可以践踏而过;但是中庸之道则不容易做到。"

第十章

子路请教强的定义。孔子说:"那要看你想了解的是南方所谓的强,还是北方所谓的强,还是你所定义的强?以宽恕与柔和来施行教化,对无理横逆的人不去报复,这是南方所谓的强;君子持守这种做法。睡觉时头枕兵器并以盔甲为卧席,即使战死也不遗憾,这是北方所谓的强。自以为刚强者安处这种做法。因此,君子要做到的是:与人和合但不同流,这才是真正坚强的样貌!确立中正而不偏不倚,这才是真正坚强的样貌!国家政治清明时,不改变昔日的操守,这才是真正坚强的样貌!国家政治黑暗时,到死也不改变自己的原则，这才是真正坚强的样貌！"

第十一章

孔子说："探求隐僻之道，做出怪异行为，后代的人有
传述这种情况；但我是不会这么做的。君子依循中道去做，
有可能行道期间半途而废，没再坚持下去；但我是没办法停
止的。君子依循着中庸之道行事，即使一生默默无名，而
不被人所了解，也不觉懊悔。只有圣人能做到这样吧！"

第十二章

君子所持守的中庸之道，广泛而又精微。一般就算是
困而不学的愚夫愚妇，也可以参与了解其中的一部分；等到
谈及中道的最高境界，即使是圣人，也有无法了解的地方。
就算是不够贤能的一般夫妇，也可以具体做到某一程度；等
到谈及所到达的最高境界，即使圣人也不能完全做得到。
天地有这么伟大的功能，人还是会对它感到有所遗憾。所
以，君子谈到伟大的境界，天下没有东西可以承载它；谈到
小的层次，天下没有东西可以说明它。《诗经·大雅·旱麓》
说："老鹰高飞到天空，鱼群跳跃于水中。"这是说中庸之道
能上达于天空，下及于深渊。君子所持守的中庸之道就从
一般夫妇之间相处开始，但是它的最高境界，可明察于天
地间的一切。

第十三章

孔子说："道不会远离人生。一个人行道时，若是脱离
人生，那么他就不可以行道了。《诗经·豳风·伐柯》说：'伐

个树木做斧柄，伐个树木做斧柄，斧柄的式样就在近旁。'手握斧柄要去伐个树木做斧柄，斜着眼睛看，两者还是有一段距离。所以，君子以典型人物为模范来治理别人，直到别人改正了为止。能做到尽心尽力地忠与推己及人的恕，就离人道不远了。凡是不愿意加在自己身上的事，就不要加在别人身上。君子之道有四方面，在一个方面我都没有达到能够的地步。要求儿子应该侍奉父亲，我还未能做到；要求臣子应该侍奉国君，我还未能做到；要求弟弟应该侍奉兄长，我还未能做到；要求朋友应该先付出友爱，我还未能做到。平常的德行就要践行，平常的言语就要谨慎。德行有所不够，不敢不努力去做；言语留有余地，不敢全说了。言论要顾到果行，行为要与所言一致。君子怎么会不笃敬慎重呢？"

第十四章

君子本着纯净的本性在所处的位子上行事，不会期盼位子之外的一切。他以纯净的本性处于富贵中，做着富贵者该做的事；他以纯净的本性处于贫贱中，做着贫贱者该做的事；他以纯净的本性处于夷狄社会，做着在夷狄社会所该做的事；他以纯净的本性处于患难环境中，做着患难环境中该做的事。君子无论处在任何地方都会觉得愉悦。

他处在上位，不会欺压下属；他处在下位，不会攀缘上司。端正自己而不期待别人端正，就不会有任何怨尤。对上不抱怨天，对下不怪罪人。所以，君子安守在平常的环境中以等待天命的安排，小人做冒险之事来希望侥幸获得非分的东西。孔子说："射艺这种比赛很像君子的作风，没有射中箭靶，就回过头来要求自己提高射艺水平。"

第十五章

君子之道，就好像要走到远方，一定要从就近的脚下出发；就好像要登到高处，一定要由最下面的地方开始。《诗经·小雅·常棣》说："妻子恩爱融洽，如鼓瑟弹琴般和谐，兄弟手足相合，和乐更是长久。家人相处得宜，妻小也都欢乐。"孔子说："果然能这样，父母一定顺心了！"

第十六章

孔子说："鬼神之道所发挥的德性效果，真是盛大啊！想看却无法明白地见到，想听却无法听得懂，但是它又体现在万物之中，无微不至而又无所不在。它促使天下的人斋戒沐浴，洁净自身，衣冠整齐，来举行祭祀仪式。祭祀时它好像漂浮在我们的上方，好像流动在我们的左右。《诗经·大雅·抑》说：'神的来临，不可测度，我们又怎能厌倦不敬呢！'从隐微到显著，确实掩盖不了其中蕴藏的道，情况就是这样啊！"

第十七章

孔子说："舜真是大孝的人了！德行已至圣人之境，尊贵已至天子之位，把富裕推至四海之内的人民。一直在宗庙中得到祭祀，又有子孙保守着那种德行。因此，德行伟大的人必定得到尊位，必定得到厚禄，必定得到赞誉之名，必定得到长寿。所以，上天创生万物，必定就该物的材质来加厚之。所以，对值得栽种的，就给予培育；对自行倾倒的，就使它覆亡。《诗经·大雅·假乐》说：'善良快乐的君子，充分影显了美德。适宜民众又适宜百姓，他承受上天赐予的禄位。上天保佑他又降使命给他，这是上天一再重复的意旨。'所以，德行伟大的人必定接受上天赋予他的使命。"

第十八章

孔子说："没有忧虑烦恼的人，大概是周文王了吧！因为有王季这样的贤能父亲，因为有武王这样英武的儿子。父亲王季为他开创了基业，儿子武王继承了他的遗志，完成了他所没完成的事业。周武王承续太王、王季、文王的未竟事业，他穿上甲胄亲自讨伐商纣，进而取得了天下，并且终身保有天下的显赫名声。他尊贵到高居天子之位，富裕到拥有四海之内的一切。享有宗庙的祭祀，享有子孙的护持。武王到晚年接受天命一统天下，周公完成文王与武王的德业，追加太王、王季的王号，以天子之礼往上奉祀太王以上的祖先。他所制订的礼仪推广应用到诸侯、大夫、士与平民身上。如果父亲为大夫，儿子为士，就用大夫的葬礼来安葬父亲，并采用士的祭礼来祭祀父亲。如果父亲为士，儿子为大夫，就用士的葬礼来安葬父亲，并采用大夫的祭礼来祭祀父亲。一周年的守丧制，适用范围到大夫为止；三周年的守丧制，则一直适用到天子。为父母守丧的期限，不论身份贵贱，天下人都一样。"

第十九章

孔子说："周武王与周公，可以称得上是通达的孝道了。所谓孝敬，是说善于继承先人的遗志，善于继续先人未竟的事业。每逢春秋二季祭祀之时，要修缮祖先的宗庙，陈列祖先的器物，摆放祖先所穿的衣裳，供奉应时的食品。宗庙祭祀的礼仪，是为了分清左昭右穆的顺序。按照爵位的等级来排列，是为了辨识高位与低位的秩序。派任祭祀时的职事，是为了辨别出谁是贤能的人。众人聚会让晚辈为长辈斟酒，是为了让辈分低的人也可以表达敬意。祭祀结束的宴会上，按照须发的黑白安排座次，是为了显示对老年人的尊重。在祭礼中，登上昔日祖先行祭时的位置，行祖先之礼，奏祖先之乐，敬重祖先所尊敬的人，爱护祖先所亲近的人。侍奉死去的祖先就像他们活着一般，侍奉亡故的先人就像他们还在眼前一样。这就是行孝的最高表现了。郊外祭天，社坛祭地，是服侍上帝的礼仪。举行宗庙之礼，是为了祭祀祖先。只要明白郊外祭天、社坛祭地、禘祭太祖、秋天尝祭的合宜，那么治理国家大概就像看自己手掌上的东西一样容易吧！"

第二十章

鲁哀公向孔子请教国家治理之道。孔子说："文王与武王的政治之道，都已记载在典籍之中。贯彻他俩政令的贤人活着，施政政策就得以高举；贯彻他俩政令的贤人一旦去世，国家的治理也就废弛了。人的成长之道敏感于由贤人施行的政治之道，土地孕育之道敏感于树木的成长。治理国家就像大地使芦苇生长一样，完全取决于人的德性。所以施行治理在于个人的品德修养；选拔人才要看他的德性；修养自己要靠仁道；修正自己的道要靠行仁。所谓行仁，就是做一个真正的人，以亲爱自己的亲人为最重要；所谓的义，就是行事要适宜，以尊敬有贤德的人为最重要。亲爱亲族要有亲疏，尊敬贤人要有等差，这就产生了礼仪。（身居下位，如果没有得到上位者的信赖，是不可能治理好百姓的。）所以，君子不可以不修养自己；想要修养自己，不可以不侍奉父母；想要侍奉父母，不可以不明白人性；想要明白人性，不可以不懂得天命。

天下人都要走的通达之路有五条，通行这五条路须靠三种德行。那就是：君臣关系、父子关系、夫妇关系、兄弟关系、朋友交往关系，这五条是天下人都要走的通达之路。其次，明智、仁德、勇敢这三项，是天下人公认的三种通达之德。所用来践行这些大道和美德的道理都是一样的。或许有些人生来就明白了这五条通达之路应该怎样行，或许有些人经由学习才明白了怎样行，或许有些人遭遇困惑后才明白了怎样行；等到最终明白了这些路应该怎样行，其结果就一样了。或许有些人心甘情愿去实行，或许有些人为了某种好处去实行，或许有些人受到外力勉强去实行；等到成功做到了这些，其结果就一样了。

孔子说，敏而好学就接近明智了，努力实践就接近仁德了，懂得羞耻就接近勇敢了。真懂得这三点，就懂得如何修养自己；懂得如何修养自己，就懂得如何管理众人；懂得如何管理众人，就懂得如何管理天下与国家了。

大凡治理天下与国家，有九条基本的原则。那就是：修养自身，尊重贤者，亲爱亲族，敬重大臣，体恤群臣，爱民如子，劝勉百工，善待远来的人，安抚各国诸侯。

修养自身，就能树立仁道的典范；尊重贤者，人事政策就不会陷入迷惑；亲爱亲族，叔伯兄弟就不会抱怨；敬重大臣，遇事就不会手足无措；体恤群臣，就会使士人们尽力回报；爱民如子，百姓就会振作起来；劝勉百工，钱财货物就会充分供应；善待远来的人，四方民众就会来归；安抚诸侯，天下人就会敬畏。

斋戒时净心虔诚，且衣冠整齐，不符合礼仪的决不心动与行动，如此就可以修养自身了；祛除谗言、远离阿谀，轻视财物而重视德行，如此就可以鼓励贤者了；尊崇亲族的地位，给予丰厚的俸禄，好其所好，恶其所恶，如此就可以鼓励亲爱亲族了；为大臣多设属官以供他们使用，如此就可以鼓励大臣了；对待士臣忠诚信实，并重视他们的俸禄，如此就可以鼓励士臣为国效力；适时征用民力，又能减轻赋税，如此就可以鼓励百姓了；经常观察考核，按劳付酬，如此就可以鼓励百工了；来时欢迎，去时欢送，嘉奖有才能的人，救济有困难的人，如此就可以善待远来的人；延续中断俸禄的世家，复兴被废灭的邦国，治理祸乱并稳定危局，按时举行朝聘之礼，薄收贡物却赏赐丰厚，如此就可以安抚诸侯了。总而言之，治理天下和国家，有九条基本原则，用来实行这些原则的道理是一样的，那就是一个"诚"字。

不论任何事情，事先有预备就会确立，没有预备就会废弛。说话先有了确定的腹稿，就不会自相矛盾；做事先有了计划，就不会陷入困境；行动前先有了规划，就不会后悔；预先选定道路，就不会走投无路。

在下位的人，如果没有得到上位者的支持，是不可能治理好百姓的。得到上位者支持的奥秘，在于得到朋友的信任，如此才能得到上位者的信任。得到朋友信任的奥秘，在于孝敬父母，如此才能得到朋友的信任。孝敬父母的奥秘，在于使自己真诚，如此才能孝敬父母。使自己真诚的奥秘，在于明白什么是善，如此才能够使自己真诚。

真诚是上天所遵循的规则；让自己真诚，是做人的正途。真诚的人，不用勉强就能达成目标，不用思考就能明白事理，从容自在就能合乎中庸之道，这样的人是圣人啊。所谓让自己真诚的人，就是要选择善念、善行，并且执着地践行。

要广泛学，要仔细问，要谨慎思考，要明确分辨，要坚定践行。不学则已，学了却没有达到德能，决不罢休；不询问则已，询问了却不真懂得，决不罢休；不思考则已，思考了却未能悟道，决不罢休；不分辨则已，分辨了却未能明

白，决不罢休；不践行则已，践行了却未能切实做到，决不
罢休。别人一次就能做到的，自己要做一百次；别人十次就
能做到的，自己要做一千次。果真能照这办法做，即使愚
笨的人也一定可以变得明智，即使柔弱的人也一定能变得
刚强。

第二十一章

因自己真诚而明白善念、善行，可说是自性的缘故。
因自己明白善念、善行而做到了真诚，可说是教化的缘故。
真诚到一定程度就会明白善念、善行；明白善念、善行到一
定程度就做到了真诚。

第二十二章

只有天下真诚到极点的人，才能够充分实现他自己
天赋的本性。能够充分实现自己天赋本性的人，才能够
充分实现众人天赋的本性。能够充分实现众人天赋本性
的人，才能够充分实现万物天赋的本性。能够充分实现
万物天赋本性的人，才有可能助成天地的造化及养育功
能。可以助成天地的造化及养育功能的人，就可以与天
地并列为三了。

第二十三章

那些仅次于圣人的贤人，就要致力于体察自己心中隐
微的意念。隐微的意念中往往能产生真诚的种子。真诚到
一定程度就会表现出来；表现到一定程度就会彰显开来；彰
显到一定程度就会发出光明；明亮到一定程度就会产生心动

与行动；心动与行动到一定程度，就会带来改变；改变到一定程度就会造成转化。只有全天下真诚到极点的人，才能够化育万物。

第二十四章

最高境界的真诚之道，可以预知未来的事。国家将要兴盛时，必定会现出吉祥的征兆。国家将要衰亡时，必定会出现反常的现象。吉凶之兆可以通过占卜用的蓍草与龟甲表现出来，也可以从人的四体之中展现出来。祸福将要来到时，是福，可以预先知道；是祸，也可以预先知道。所以，最高境界的真诚像有神灵一样微妙。

第二十五章

真诚，是用来自己完成自己的；而仁道就是引导自己该走的路。真诚贯穿着万事万物的结束与再开始。不真诚的话，其人其物就不是真存在。因此之故，君子把使自己真诚看得特别重要。真诚不只是自己完成自己就够了，还要成全万事万物。自己完成自己属于仁德；成全万事万物，属于明智之德。仁德与智德都是天赋的本性之德，结合了外王内圣的道理，所以要随着时机、时势、时位而采用合宜的措施。

第二十六章

所以，极致的真诚，是不会停息的，不停息就会持久。持久就会有效验，有效验就会悠悠远播；悠悠远播就会博大深厚，博大深厚就会崇高光明；崇高光明才可以覆盖万物。

悠久深远，由此可以成就万物。博大深厚正可以和大地之德相配；崇高光明正可以与上天之德相配；悠久深远就像天地那样无边无际。能够到达这样的境界，不用表现，也会彰显昭著；不采取行动，也会造成变化；不刻意作为，也会取得成功。

天与地的大道，可以用一句话说完。就是它自身诚一不二，但它创生万物的力量难以测度。天与地的大道，是广博的、深厚的、崇高的、光明的、悠远的、持久的。就天来说，原本是由一点一点的光明累积起来的，等到它无边无际时，日月星辰都靠它维系，世界万物都受它覆盖。就地来说，原本是一撮土一撮土累积起来的，等到它广博深厚时，可以承载像华山那样的崇山峻岭而不觉得重，可以容纳众多的江河湖海也不会泄漏，以至于世间万物都可以承载了。就山来说，原本不过是由拳头大的石头聚积起来的，等到它广阔高大时，草木在上面生长，禽兽在上面栖息，并储存了许多宝藏。就水来说，原本不过是一勺一勺累积起来的，等到它浩瀚无涯时，鼋鼍、蛟龙、鱼鳖都在里面生长了，其中还可以使货财得以增加呢。

《诗经·周颂·维天之命》说："上天所降的大命啊！真是深远又无穷无尽。"这大概说的就是天之所以为天的原因吧。"真是大显光明啊，描述的是文王的德行的纯真无二！"这大概说的就是文王之所以被以"文"称许的原因吧，说明他的纯洁真诚也是停不下来的。

第二十七章

真伟大啊！圣人的理想！浩瀚无际啊！一直发展、养育着万物，以致与天一样崇高。真是丰富伟大啊！礼节仪式达三百种，动作威仪达三千种，都要等待圣人出现才可以施行。所以说："如果不是最高的德行，最高的理想就无法体现。"因此，君子尊崇道德本性，又以问道来促进学习；致力于广博宏大的领域，进而又钻研精细微妙之处；领悟最高明的境界，进而又实践中正平常的道理；温习旧有的学问，又明白创新的观点；敦厚自己的德行来推崇礼仪的价值。因此之故，君子居上位不骄傲，处下位不违礼。国家政治清明时，他的言论足以兴盛；国家政治黑暗时，他的沉默足以保全自己。《诗经·大雅·烝民》说："既明智又理性，如此可以保全自身。"大概说的就是这种情况吧！

第二十八章

孔子说："愚昧却喜欢自以为是，卑贱却喜欢独断专行；生活在现在的时代却要运用古代的礼法，像这样的人，灾祸一定会降到他身上。"

不具备天子的身份，就不要议论礼乐，不要制定礼仪法度，不要定订文字规范。现在天下的情况是：车子行走同样的轨道，书写的文字一致，实行的伦理规范也相同。就算拥有天子的地位，如果没有相称的德行，是不敢制作礼乐的；就算拥有至高的德行，若没有天子的地位，也是不敢制作礼乐的。

孔子说:"我解释夏朝的礼仪,但夏的后裔杞国的文献不足以用来验证它;我学习商朝的礼仪,还有宋国的资料可以参考;我学习周朝的礼仪,这是今天正在实施的,所以我遵从周朝的礼仪。"

第二十九章

在天下推行王道政治有三件重要的工作(即议礼、制度、考文),目的在于要减少过错吧!在上位的人虽然够善,但没有通过礼制表现出来,没有表现出来就没有威信,没有威信百姓就不会服从。在下位的人虽然够善,但没有相应的尊贵地位;没有相应的尊贵地位就没有威信;没有威信,百姓就不会服从。所以,君子的理想是:以自身的德性修养为基础,以一般百姓的反应为验证,要用夏商周三代圣王的标准来加以考核而没有谬误,用天地的法则来建立而没有相悖,用鬼神的吉凶来质问而没有怀疑,百代以后待到圣人出现,也没有任何困惑的地方。以鬼神的吉凶来质询而没有疑问,这代表懂得天意,百代以后待到圣人出现,也没有任何困惑的地方,这表示懂得人意。所以,君子的一举一动能世世代代成为天下人的典范,行为表现能世世代代为天下人所效法,思想主张能世世代代成为天下人的准则。离君子远的人就会产生仰慕之心,离君子近的人就不会感到厌倦。《诗经·周颂·振鹭》上说:"诸侯在邦无人厌,在朝也不遭人嫉。早起晚睡敬其事,众人称赞美名存。"君子没有不这样做而能够早早在天下获得声誉的。

第三十章

孔子承袭并遵循尧舜二位圣帝的传统，取法并光大周文王、周武王的典章。往上遵循天时的变化规律，往下承袭地理的变化规律。就像天地那样广博，没有什么东西不能承载，没有什么东西不能覆盖照顾。又像四季的交替运行、日月的交替光明。万物于天地间一概得到养育却不相妨害，思想主张各行其是却不互相冲突。小的德行像河川一样长流不息，大的德行使万物敦厚并化育。这就是天地之德为何这么伟大的缘故吧。

第三十一章

只有在全天下达到至圣境界的人，才有可能做到以下五点。他能够做到耳聪目明智慧卓著，因而足以居高而亲临百姓；他能够胸襟宽厚，而又温和柔顺，因而足以包容众人；他能够奋发勇敢而又刚强坚毅，因而足以持守原则；他能够做到严肃庄重而又持中守正，因而足以认真恭敬；他能够做到事务条理分明，而又周密细察，因而足以明辨是非。圣人的道德广博深厚，并且适时表现出来。广博得如同辽阔的天空，深沉得如同幽深的水潭。他的美德表现在仪容上，百姓没有不尊敬的；他发布主张，百姓没有不相信的；他展现行动，百姓没有不喜欢的。因此，圣人的美好声名广泛流布到中原各国，还远传到偏远的蛮貊地区，凡是车船所能抵达的地方，人力所开发的区域，上天所覆盖的范围，大地所承载的领域，日月所照耀的区域，霜露所降落的地方，这些地方一切有血有气的生物，没有不尊重他、没有不亲近他的，所以说圣人的德行可以与天相配。

第三十二章

只有全天下真诚到极点的人，才能够统管天下的大纲大纪，建立天下最重大的根本，懂得天地化育万物的道理。他哪里有什么其他的凭借？不过是以无比诚恳的态度，厚实自己的仁德，不过是以无比深刻的修养保持自己的渊博，不过是以无比广阔的心思体察上天的伟大罢了。如果不是真正的聪敏明达、德智完满，以至于通达天德的人，又有谁能真正懂得至诚是这样高的境界呢？

第三十三章

《诗经·卫风·硕人》说："穿锦绣衣服时，外加一件罩衫。"这是因为不喜欢锦衣的彩色花纹太过显露。因此，君子的德是内在之德深藏不露而日益彰显；小人的德是显露无遗却日渐消亡。君子的德是平淡而有意味，简约而有文采，温和而有条理。一个人知道远处的情况开始于近处，知道风俗的演变的起因，知道隐微的状态一定会发展到显著态势的规律，这样就可以领悟修德的门径了。

《诗经·小雅·正月》说："鱼儿潜入深水里隐藏起来，仍然看得一清二楚。"所以君子反省自己而不感到愧疚，反省自己心志中也没有任何恶念。君子让一般人比不上的，大概就在别人看不到的地方也能严格要求自己吧。

《诗经·大雅·抑》说："看你独自在屋中，心地光明尚无愧。"所以，君子静处时也是庄敬的，不言说时也是信实的。

《诗经·商颂·烈祖》说："默默无言做祈祷，此时不再有争执。"因此之故，君子不用赏赐，百姓会互相劝勉；不必发怒，百姓也会觉得比刀斧更有威慑性。

《诗经·周颂·烈文》说："充分弘扬好德性，诸侯就会齐效法。"因此之故，君子笃实恭敬，天下就会太平。

《诗经·大雅·皇矣》说："文王明德我怀想，疾言厉色从不用。"孔子说："用大声与厉色去教化百姓，那是最差的手段。"

《诗经·大雅·烝民》说："美德妙处如鸿毛。"鸿毛虽然轻微细小，还是有相似的东西可以类比。《诗经·大雅·文王》说："上天载物有其道，无声无味真奇妙。"这才是最高的境界啊！

（译文内容为编者加入，不代表毓老师及陈绹女士的观点。）

道善人文经典文库
让你能知味的中华经典解读丛书

图书·音视频·讲座
敬请关注

毓老师作品系列

毓老师说论语（修订版）　　　　　爱新觉罗·毓鋆讲述

毓老师说中庸　　　　　　　　　　爱新觉罗·毓鋆讲述

毓老师说庄子　　　　　　　　　　爱新觉罗·毓鋆讲述

毓老师说大学　　　　　　　　　　爱新觉罗·毓鋆讲述

毓老师说老子　　　　　　　　　　爱新觉罗·毓鋆讲述

毓老师说易经（全三卷）　　　　　爱新觉罗·毓鋆讲述

毓老师说（礼元录）　　　　　　　爱新觉罗·毓鋆讲述

毓老师说吴起太公兵法　　　　　　爱新觉罗·毓鋆讲述

毓老师说公羊　　　　　　　　　　爱新觉罗·毓鋆讲述

毓老师说春秋繁露（上下册）　　　爱新觉罗·毓鋆讲述

毓老师说管子　　　　　　　　　　爱新觉罗·毓鋆讲述

毓老师说孙子兵法（修订版）　　　爱新觉罗·毓鋆讲述

毓老师说易传（修订版）　　　　　爱新觉罗·毓鋆讲述

毓老师说人物志（修订版）　　　　爱新觉罗·毓鋆讲述

毓老师说孟子　　　　　　　　　　爱新觉罗·毓鋆讲述

毓老师说诗书礼　　　　　　　　　爱新觉罗·毓鋆讲述

刘君祖作品系列

易经与现代生活　　　　　　刘君祖

易经说什么　　　　　　　　刘君祖

易经密码全译全解（全9辑）　刘君祖

易断全书（上下）　　　　　刘君祖

刘君祖经典讲堂（全十卷）　刘君祖

人物志详解　　　　　　　　刘君祖

春秋繁露详解   刘君祖

孙子兵法新解   刘君祖

鬼谷子新解   刘君祖

吴怡作品系列

中国哲学史话   张起钧　吴　怡

禅与老庄   吴　怡

逍遥的庄子   吴　怡

易经应该这样用   吴　怡

易经新说——我在美国讲易经   吴　怡

老子新说——我在美国讲老子   吴　怡

庄子新说——我在美国讲庄子   吴　怡

中国哲学关键词50讲（汉英对照）   吴　怡

哲学与人生   吴　怡

禅与人生   吴　怡

整体生命心理学   吴　怡

碧岩录详解   吴　怡

系辞传详解   吴　怡

坛经详解   吴　怡

写给大家的中国哲学史   吴　怡

周易本义全译全解   吴　怡

高怀民作品系列

易经哲学精讲   高怀民

伟大的孕育：易经哲学精讲续篇   高怀民

智慧之巅：先秦哲学与希腊哲学   高怀民

易学史（三卷）   高怀民

辛意云作品系列

论语辛说   辛意云

老子辛说   辛意云

国学十六讲   辛意云

美学二十讲   辛意云

其他

易经与中医学	黄绍祖
论语故事	（日）下村湖人
汉字细说	林藜
新细说黄帝内经	徐芹庭
易经与管理	陈明德
周易话解	刘思白
汉字从头说起	吴宏一
道德经画说	张爽
史记的读法	阮芝生
论语新读法	崔正山
数位易经（上下）	陈文德
从心读资治通鉴	张元
公羊春秋的伦理思维与特质	林义正
《周易》《春秋》的诠释原理与应用	林义正
易经经传全义全解（上下册）	徐芹庭
周易程传全译全解	黄忠天
牟宗三演讲集（10 册）	牟宗三
易经之钥	陈炳文
唐诗之巅	朱琦

人与经典文库（陆续出版）

左传（已出）	张高评	论语	林义正
史记（已出）	王令樾	墨子	辛意云
大学（已出）	爱新觉罗·毓鋆	近思录	高柏园
中庸（已出）	爱新觉罗·毓鋆	管子	王俊彦
老子（已出）	吴怡	传习录	杨祖汉
庄子（已出）	吴怡	尔雅	卢国屏
易经系辞传（已出）	吴怡	孟子	袁保新
韩非子（已出）	高柏园	荀子	周德良
说文解字（已出）	吴宏一	孝经	庄兵
诗经	王令樾	淮南子	陈德和
六祖坛经	吴怡	唐诗	吕正惠
碧岩录	吴怡	古文观止	王基伦

四库全书	陈仕华	说 苑	殷善培
颜氏家训	周彦文	闲情偶寄	黄培青
聊斋志异	黄丽卿	围炉夜话	霍晋明
汉 书	宋淑萍	元人散曲	林淑贞
红楼梦	叶思芬	戏曲故事	郑柏彦
鬼谷子	刘君祖	楚 辞	吴旻旻
孙子兵法	刘君祖	水浒传	林保淳
人物志	刘君祖	盐铁论	林聪舜
春秋繁露	刘君祖	抱朴子	郑志明
孔子家语	崔锁江	列 子	萧振邦
明儒学案	周志文	吕氏春秋	赵中伟
黄帝内经	林文钦	尚 书	蒋秋华
指月录	黄连忠	礼 记	林素玟
宋词三百首	侯雅文	了凡四训	李懿纯
西游记	李志宏	高僧传	李幸玲
世说新语	尤雅姿	山海经	鹿忆鹿
老残游记	李瑞腾	东坡志林	曹淑娟
文心雕龙	陈秀美	……